Knaur
MensSana

Von Katharina Wolfram ist außerdem erschienen:

Kraftzentrum Beckenboden
Mondkalender (Abreißkalender)

Über die Autorin:

Katharina Wolfram hat sich als freie Journalistin und Autorin auf die Themen Gesundheit, ganzheitliches Heilen und Spiritualität spezialisiert. Sie lebt in München.

Katharina Wolfram

# Salzlampen

## Das Licht aus der Erde

Knaur
MensSana

Besuchen Sie uns im Internet:
www.knaur.de

Vollständige Taschenbuchausgabe 2002

Umschlaggestaltung: ZERO Werbeagentur, München
Druck und Bindung: Nørhaven Paperback A/S
Printed in Denmark
ISBN 3-426-87178-5

2 4 5 3 1

# Inhalt

»Für den ganzen Körper gibt es nichts Besseres
als Salz und Sonne.«
*Plinius der Ältere*

# Das Licht aus der Erde

Salzkristall-Lampen strahlen ein wunderschönes Licht aus – und ziehen dadurch immer mehr Menschen in ihren Bann. Die Wärme und Geborgenheit, die sie vermitteln, berührt auf einer tiefen Ebene und erzielt in subtiler Weise eine Wirkung, auch wenn man sich dessen zunächst gar nicht bewußt ist. Salzkristall-Lampen sind heilsam und wohltuend für Körper, Geist und Seele. Sie verschönern jeden Raum. Sie eignen sich als Licht- und Energiequelle sowohl für den Arbeitsplatz als auch für das Wohnzimmer, für Meditations- und Therapieräume, für das Schlafzimmer, für die Eßecke oder das Kinderzimmer. Natürlicher Salzkristall verbessert die Atmosphäre in Innenräumen. Wenn er von innen durch eine Glühbirne oder Kerze beleuchtet und erwärmt wird, steigert sich diese erfrischende, klärende Wirkung durch die Ionisation der Luft noch beträchtlich.

Salzkristall-Lampen »machen« etwas aus Räumen und mit deren Bewohnern. Zwar bedarf es keiner Gebrauchsanleitung, um eine Salzlampe in Betrieb zu nehmen, jeder profitiert automatisch von ihren positiven Wirkungen. Aber um das besondere Licht der Salzkristalle, die in der Tiefe der Erde abgebaut wurden, wirklich genießen und ihre stille Kraft bewußter schätzen zu können, sind einige Hinweise nützlich.

In diesem Buch finden Sie grundlegende Informationen über Salzkristall-Lampen, über die Geschichte, Medizin und

Magie des Salzes. Lassen Sie sich dazu inspirieren, Salz im Alltag gezielter für bestimmte Zwecke einzusetzen und sich seiner besonderen Eigenschaften auf konstruktive Weise zu bedienen.

Salz – damit assoziieren die meisten ganz spontan das Kochsalz, das in der Küche zum Würzen von Speisen verwendet wird. Aus wissenschaftlicher Sicht ist »Salz« allerdings ein Sammelbegriff für chemische Verbindungen, die aus positiv und negativ geladenen Ionen (Kationen und Anionen) bestehen. Die Kationen und die Anionen sind in Form eines Raumgitters angeordnet. Im engeren Sinn versteht man unter dem Begriff »Salz« die in Bergwerken geförderten Salze und im engsten Sinn das Kochsalz. Es gibt also – je nach chemischer Verbindung – so verschiedene Arten wie zum Beispiel Kalium-, Kalzium- oder Ammoniumsalze.

Das Kochsalz trägt den chemischen Namen Natriumchlorid (NaCl). Es setzt sich aus positiv geladenen Natrium-Ionen und negativ geladenen Chlor-Ionen zusammen. In der Verbindung zu Kochsalz verlieren das aggressive Alkalimetall Natrium und das giftige Gas Chlor ihre unangenehmen Eigenschaften und werden zu einem lebensnotwendigen und lebensfördernden Stoff.

In der Natur lagert das Natriumchlorid als Steinsalz in der Erde und wird unter Tage abgebaut. In gelöstem Zustand findet man Natriumchlorid in Salzquellen (Solequellen), aus denen man es durch Sieden (Kochen) gewinnt, sowie in den Meeren, aus denen man es mit Hilfe der Sonnenkraft herauskristallisieren läßt und in Salzgärten »erntet«.

Das alte Zaubermittel Salz ist bei uns in jedem Haushalt zu finden, und zwar in der Küche in Form von Kochsalz. Einst war es so schwer zu beschaffen und so wertvoll, daß es als »weißes Gold« gehandelt wurde. Heutzutage ist Salz ein Massenartikel; selbst hochwertigere, nicht raffinierte Meer- oder Steinsalzprodukte aus dem Bioladen sind eine vergleichsweise preiswerte Speisewürze. Sogar Salz aus dem Toten Meer, das kosmetisch und medizinisch für Vollbäder zur Hautpflege genutzt wird, kann man in jeder gut sortierten Drogerie für nicht allzuviel Geld erstehen.
Einerseits ist also Salz für uns im Alltag nichts Kostbares oder Seltenes, und wir haben uns so an sein Vorhandensein gewöhnt, daß wir es nicht mehr besonders wahrnehmen und wertschätzen. Andererseits ist Salz nach wie vor ein lebenswichtiger Stoff nicht nur für den Menschen. Ohne Salz wäre auf der Erde kein Leben möglich. Salz nährt und erhält den physischen Körper. Der Stoffwechsel eines jeden Lebewesens ist vom Salz abhängig. Salz ist also in gewisser Weise immer noch ein teures Gut und ein unverzichtbares Grundnahrungsmittel.
Der Salzhunger von Mensch und Tier, vor allem der Salzbedarf des Zuchtviehs, war der Motor für vielerlei wirtschaftliche, soziale und kulturelle Entwicklungen. Dieser elementare Salzbedarf kann heute überall auf der Erde problemlos gestillt werden, denn es gibt weltweit genügend Salzvorkommen, und die Salzgewinnung ist kein mühsamer Prozeß mehr. Probleme bereitet jetzt viel eher der moderne »Salzhunger« der chemischen Industrie, die aus Salzen unter anderem all jene Plastikprodukte, Dünge- und Bleichmittel herstellt, die unsere Umwelt so stark belasten und vergiften.

Und welcher »Salzhunger« steckt ganz aktuell hinter der auffallend großen und sogar noch wachsenden Beliebtheit von Lampen aus Salzkristall?

Tag für Tag leuchten immer mehr Salzlampen auf, nicht nur in der dunklen Jahreszeit. Selbst in Warenhäusern werden sie inzwischen zum Kauf angeboten. Vordergründig ist der Trend damit zu erklären, daß eingeschaltete, sich erwärmende Salzkristall-Lampen einen ionisierenden Effekt besitzen und damit einen praktischen Nutzen für das Raumklima und die Gesundheit haben. Doch vor allem bieten die Lampen mit ihrem orange- oder apricotfarbenen Schein etwas fürs Auge. Die »gesunde« Lichtquelle läßt sich gut in Wohnräume integrieren und trägt zusammen mit anderen Kristallen, mit Pflanzen oder sogar einem Zimmerbrunnen zu deren Behaglichkeit bei – was man von ionenabgebenden Geräten zur Raumluftverbesserung, sogenannten Ionisatoren, nicht so ohne weiteres behaupten kann.
Letztlich spielen jedoch auch andere, mehr emotionale und sogar spirituelle Gründe sowie feinstoffliche Wirkungen eine Rolle, warum jetzt so viele Menschen von Salzkristall-Lampen angezogen werden und damit ihr Zuhause oder ihren Arbeitsplatz verschönern. So sind es die Farbnuancen, die die Lampen aus Salz so attraktiv machen. Das warme Orange oder Apricot spricht die Seele an und besitzt neben der ästhetischen Wirkung auch einen therapeutischen Effekt. Die Salzkristall-Lampen wirken als eine Art Farbmedizin.
Doch die stärkste Anziehungskraft liegt im Salz selbst, das uns Menschen seit Urzeiten vertraut ist. Das Salz liegt uns im wahrsten Sinne des Wortes im Blut. Die Salzkristall-Lam-

pen sprechen, vermittelt über unseren Schönheitssinn und unser Gemüt, im Grunde genommen den alten Bund des Menschen mit dem Salz an. Mit dem Salz sind für den Menschen ganz instinktiv Traditionen und Rituale der Reinigung, des Schutzes, der Weihe, von Ordnung und Harmonie, Sicherheit und spiritueller Verbindung verknüpft. Lauter Aspekte, die wir in einer Zeit voll Hektik, Aggressivität, Überlastung und Zerrissenheit vermissen. Das ruhige, warme Licht einer Salzkristall-Lampe erinnert an die Wohltaten des Salzes. In Anlehnung an die Lehren von Rupert Sheldrake könnte man auch sagen, daß sich über die Jahrtausende hinweg ein morphogenetisches Feld in bezug auf den Umgang mit Salz aufgebaut hat. Durch den Einsatz einer Salzlampe für mehr Wohlbefinden und ein besseres Raumklima wird dieses »Feld« in besonderem Maße aktiviert.

Alle Kristalle und Edelsteine, auch die so zahlreich vorhandenen »gewöhnlichen« natürlichen Salzkristalle, sind Lichtfunken aus der Erde. Durch ihre Kristallstruktur fungieren sie sowohl als Informationsspeicher wie auch als Kommunikationsmittel. Vor allem die verschiedenen Quarze, die in Uhren und Computern stecken, machen das anschaulich. Kochsalzkristalle werden zum Beispiel für Infrarotlinsen und -prismen verwendet.

Kristalle sind Botschafter aus dem Mineralreich mit spezifischen Aufgaben und Wirkungen auch auf den Menschen, wobei sie in letzter Konsequenz stets einem größeren Ganzen dienen: der Entwicklung und Transformation zum Licht. Die Salzkristalle stehen dem Menschen und dessen Aufgaben besonders nahe; Salz ist eine Essenz des menschlichen Lebens. Das bezieht sich, wie Sie noch sehen werden, sowohl auf den physischen Körper als auch auf den Geist. Sie können sich dieses »Feld« kultureller und gesundheitsfördernder Wirkungen sowie religiöser Bedeutungen des Salzes bewußtmachen und für sich im Hinblick auf Körper, Geist und Seele mit praktischer Bedeutung füllen.

Die Salzkristall-Lampen erzählen Erdgeschichte. Das Salzgestein der Lampen stammt aus dem Erdaltertum und ist rund 250 Millionen Jahre alt! Die Menschheit dagegen ist wesentlich jüngeren Datums: Vor nicht einmal zwei Millionen Jahren machte sich der Homo erectus, ein früher Vorläufer des heutigen Menschen, von Afrika auf den Weg nach Europa. Doch nicht nur aus Respekt vor einem Relikt aus fernster Vergangenheit sollten Sie achtsam mit einer Salzkristall-Lampe umgehen. Kristalle sind kein totes Gestein, sondern mit Intelligenz begabte Schöpfung, die in sehr viel langsameren Zyklen als der Mensch »schwingt« und sich entwickelt. Wie jeder andere Kristall, mit dem Sie sich umgeben – etwa ein klarer Bergkristall auf dem Schreibtisch –, kann auch eine Salzlampe zu so etwas wie einem Hausgenossen werden. Vielleicht betrachten Sie sie bald nicht mehr nur als hübsches, dekoratives Möbelstück oder praktischen Luftionisator. Vielleicht wächst sie Ihnen durch ihren warmen, Geborgenheit vermittelnden Schein regelrecht ans Herz.

Suchen Sie sich deshalb Ihre Lampe gut aus – am besten bei einem seriösen Händler, der Qualität anbietet, das heißt sorgfältig bearbeitete Stücke mit einem passenden Sockel und einer elektrischen Zuleitung, die dem bei uns üblichen Standard entspricht.

Die Salzlampen für den deutschen Markt kommen in der Re-

gel aus Polen und aus Indien, Pakistan oder China. Die aus Polen importierten Exemplare sind meist von einem intensiven Orangeton und wirken fest und kompakt. Die Salzkristalle aus Asien schimmern mehr durchsichtig-weiß und zeigen verschiedene helle und dunkle Apricottöne.
Es gibt Menschen, die Lampen einer bestimmten Herkunft bevorzugen und auf die besonders heilsamen Effekte des angeblich »reineren« polnischen oder »lichteren« asiatischen Salzgesteins schwören. Doch es ist letztlich nur eine Geschmacksfrage, ob man einen mehr orangefarbenen oder einen helleren apricotfarbenen Lichtschein mag. Die Qualitätsunterschiede betreffen in erster Linie die Bearbeitung und Vermarktung der Lampen. Sie werden sofort ein lieblos herausgehauenes, angeschlagenes und unproportioniertes Stück, das auf einen billigen Sockel »geklatscht« wurde, von einem solide bearbeiteten und ausgestatteten unterscheiden können, egal, ob es aus Europa oder Asien stammt.
Um es gleich vorweg zu sagen: Ich rate Ihnen, das gut bearbeitete Stück zu wählen, auch wenn es teurer sein sollte. Qualität hat stets ihren Preis. Sie werden auf Dauer mehr Freude an einer Lampe haben, die in jeder Hinsicht »paßt«, als an einem mißhandelten Salzkristallstück, das keine Harmonie ausstrahlt und wegen der mangelhaften elektrischen Ausrüstung womöglich noch Unheil anrichtet.

# Steinsalz – der Stoff, aus dem die Lampen sind

Salzkristall-Lampen bestehen aus Steinsalz (Halit), das heißt aus einem mehr oder weniger großen Brocken Kochsalz (NaCl) mit Einschlüssen von anderen Stoffen, vor allem von Eisenoxiden. Diese Einschlüsse geben ihm die Farbe. Das Salzgestein wird in einem Salzbergwerk herausgesprengt und herausgebrochen, danach in Feinarbeit weiter auf Lampengröße zugeschnitten. Im weiteren höhlt man den Block aus, um im Inneren eine Glühbirne zu installieren. Oder es wird ein Loch hineingebohrt, um Platz für ein Teelicht zu schaffen oder um das Zubehör für die Duftlampe zu befestigen. Die Lampen sind meist auf einem Holzsockel angebracht. Es gibt auch Exemplare, die auf kleinen Gummifüßen stehen, oder solche, deren Basis Schiefergestein ist.
Selbst in fester Form ist Steinsalz relativ weich und leicht spaltbar. Es verformt sich unter Druck, und es ist wasserlöslich. Ein Test mit der Zunge beweist es. Die Salzlampe darf also nicht im Freien aufgestellt werden, und Sie sollten sie nicht feucht abwischen. Falls die Lampe überhaupt eine Reinigung nötig hat, reicht es aus, mit einem trockenen Tuch drüberzugehen. Ist die Lampe dennoch einmal mit Feuchtigkeit in Berührung gekommen, sollten Sie sie ein paar Stunden lang brennen lassen und lose Salzkristalle, die sich dann

auf der Oberfläche abgesetzt haben, nur sanft wegbürsten oder wegpusten.
Die Grundstruktur des Kochsalzes (Halit) ist schlicht und einfach der Würfel (kubisches Kristallsystem). Ein Bergkristall bildet demgegenüber meist sechsseitige Prismen (trigonales Kristallsystem). Salzkristalle sind in reinem Zustand weiß, das heißt farblos und transparent. Das polnische Salzbergwerk Wieliczka in der Nähe von Krakau ist unter Mineralienkennern berühmt für vollkommen klare, reine Halitkristalle. Die einzelnen Würfel zeigen eine beträchtliche Kantenlänge von mehreren Zentimetern. Es gibt sogar Salzwürfel, deren Kantenlänge einen Meter beträgt! Im 19. Jahrhundert waren diese Riesenwürfel ein beliebter Zimmerschmuck oder Ausgangsmaterial für meist recht kitschige Nippesfiguren; heute sind sie in Kristallausstellungen oder naturkundlichen Museen zu bewundern und begehrte Sammelstücke.
Das Steinsalz der Salzlampe hat ebenfalls Würfelstruktur, doch wirkt es eher muschelig gebrochen, da es aus unregelmäßig zusammengewachsenen kleinen Kristallwürfeln nebst farbgebenden Beimengungen besteht. Das Steinsalz wird nach seinem Erscheinungsbild deshalb auch als ein mehr oder weniger dichtes, derbes, grobkristallines bis feinkörniges Aggregat bezeichnet, dessen Glanz an Glas erinnert.
Seine Farbe erhält das Steinsalz durch »Verunreinigungen«, das heißt durch Einschlüsse. Die orange-rötliche Färbung entsteht durch Eisenoxide, zum Beispiel durch winzige Hämatitpartikel. Blaue oder violette Farbtöne kommen durch eine Bestrahlung des Halits zustande. Diese farbgebende Strahlung kann in der Erde auf natürliche Weise vom

Nachbargestein ausgegangen sein. Eine besondere Variante ist rosafarbener Halit aus Astrachan, bei dem Algen die Tönung bewirken. Fein gemahlen kam dieser rosa Halit einst auf den Tisch des Zaren (»Zarensalz«), denn das Salz zeichnete sich nicht nur durch die schöne Färbung, sondern auch durch seinen feinen Geschmack aus, der an Veilchen erinnern soll. Rosafarbene Halitkristalle, die aus Salzseen stammen, findet man auch in den USA. Wiederum sind es Algen, die dieses Salz eingefärbt haben. Die weniger aufregende Graufärbung des Halits wird durch Bitumen- oder Tonpartikel hervorgebracht. Zu einer Braun- oder Schwarzfärbung kommt es durch Einschlüsse von organischem Material.

Die heute bei uns angebotenen Salzkristall-Lampen zeigen eine gleichmäßige Gelb- und Orangefärbung bei den aus Polen importierten Stücken. Die aus Asien stammenden Lampen sind von transparenterer Struktur mit viel Weiß-, Apricot- und Rosatönen.

Salzlampen sind allerdings keine neumodische Erfindung. Es ist eine alte Idee, Licht durch Steinsalz fallen zu lassen. Die Bergleute selbst haben in der Vergangenheit immer wieder aus schönen Stücken, die sie in den Salzstöcken fanden, für den eigenen Gebrauch und zur eigenen Freude Lampen hergestellt. Der professionelle Vertrieb von Salzkristall-Lampen wurde vor rund fünf Jahren von der Firma Zauberstein (Adresse siehe Anhang) begonnen. Heute gibt es eine Vielzahl von Importeuren und Händlern, die Salzkristall-Lampen in allen Formen und Farbnuancen anbieten.

# Wie entstand das Salz?

Wenn man danach forscht, wie überhaupt das Salz entstand, das jetzt so prächtig in der Wohnung als Salzlampe leuchtet oder so selbstverständlich im Streuer auf dem Tisch steht, geht die Reise tatsächlich zurück bis zum Urknall, bis zur Entstehung unseres Universums. Natrium und Chlor, die Ausgangsmaterialien für das Kochsalz, sind die »Asche der Sternenfeuer«. Sie entstanden durch Kernfusion in Riesensternen, auch durch Sternexplosionen, und waren Bestandteil der Ursuppe, aus der sich der Planet Erde geformt hat. Doch Natrium und Chlor sind Elemente, die es nicht in der Tiefe des Erdmantels hält. Meist eingebaut in Silikatgestein, werden sie beim Aufbrechen der Erdkruste in den Tiefen der Ozeane oder bei vulkanischen Aktivitäten in der kontinentalen Erdkruste nach oben, Richtung Erdoberfläche, geschleudert. Natrium und Chlor werden durch das Schmelzen oder Auflösen in Wasser ihrer Transportgesteine frei und können sich nun zu Natriumchlorid, also Kochsalz, verbinden. Auf diese Weise kommt das Salz ins Meer. So lautet zumindest eine heute gängige Theorie zur Entstehung der Salzvorkommen auf dem Erdball. Ganz geklärt sind diese komplizierten geologischen und erdgeschichtlichen Vorgänge sowie die weiteren Schritte zur Bildung gewaltiger Steinsalzlagerstätten im einzelnen jedoch noch nicht.

Der größte Teil des Salzes war also im Meerwasser gelöst. Vor etwa 260 Millionen Jahren kam es im Erdaltertum

(Perm), als die Verteilung von Ozeanen und Landmasse ganz anders als heute aussah, zur Verdunstung von Meerwasser in großen, flachen Becken. Zum Beispiel lag damals das heutige Alpengebiet mit den bedeutenden Salzlagerstätten des Salzkammerguts in der Nähe des Erdäquators und hatte die Gestalt einer flachen Küstenebene.

Die Flachmeere gehörten zu einem Trockenklimagürtel, der sich vom heutigen Ural über Mitteleuropa und England bis nach Nordamerika erstreckte. Etwa auf dem Gebiet des heutigen Bayern verlief die Südküste des nördlichen Flachmeeres (Zechsteinmeer); wo sich heute die Alpen erheben, befand sich das südliche Flachmeer (Tethysmeer).

Verschiedene Lagunen wurden durch eine Art Damm, etwa durch ein Korallenriff, vom freien Meer abgetrennt. Das heiße, trockene Klima führte zu einer schnellen Verdunstung des Meerwassers und zur Auskristallisierung und Ablagerung von Mineralien, wobei das Steinsalz den Hauptanteil der im Meerwasser gelösten Stoffe ausmachte. (Im kleinen und nicht ganz vergleichbar geschieht dies heute im Toten Meer.)

In die flachen Meeresbecken strömte im Erdaltertum in Abständen frisches Meerwasser auf die absinkenden, durch die Wasserverdunstung schwerer gewordenen Salzlaugen nach, so daß es zu deutlich abgegrenzten Ablagerungsschichten kam. Zu den sogenannten Evaporitmineralien (»Verdunstungsmineralien«) gehören neben dem Halit unter anderem auch Gips, Anhydrit oder Sylvin.

Verschiedenste Erd- und Gesteinsbewegungen haben die Salzablagerungen dann über die Erdepochen hinweg überdeckt, verformt und in ihrer Lage verändert. Die größten

Steinsalzvorkommen befinden sich in der Norddeutschen Tiefebene und in Polen, in den USA, in Zentralasien und in China.
Das Salz der Salzlampen gelangte demnach aus den Urmeeren wieder zurück in die Erde.
Heute findet man Steinsalz in zum Teil mehreren hundert Meter tiefen Salzstöcken. Es kam jedoch bei der Entstehung der Steinsalzvorkommen auch dazu, daß das leichtere, weichere Salzgestein bei Überlagerungen durch schwerere Gesteine an die Erdoberfläche gedrückt wurde. Auf diese Weise bildeten sich Salzdome und sogar »Salzgletscher«, etwa in heißen, trockenen Gebieten wie im Iran und in Spanien. Durch unterirdische Quellen konnte in den Salzstöcken auch Sole entstehen, das heißt salzhaltiges Wasser, das herausgepumpt und zur Salzgewinnung eingedampft wird (zum Beispiel Lüneburger Heide, Salzkammergut).
Die Salzvorräte der Erde, die aus dem Meer (Meersalz) und aus Bergwerken (Steinsalz) gewonnen werden können, sind unermeßlich groß.

# Kleine Geschichte des Salzes

Bereits in frühgeschichtlicher Zeit entstanden erste Salzbergwerke. So wurde Steinsalz um 1000 vor Christus im österreichischen Hallein und in der chinesischen Provinz Sichuan unter großem Aufwand und mit einfachsten Handwerkszeugen abgebaut. Doch blieb die Förderung von Steinsalz in der Frühzeit und Antike die Ausnahme, da es an der notwendigen technischen Ausrüstung fehlte. Viel leichter war es – zumindest in südlichen Ländern wie Portugal, Spanien oder Italien –, das Salz aus dem Meer zu gewinnen. Durchschnittlich sind in einem Liter Meerwasser 35 Gramm Salz gelöst. Man ließ das Meerwasser in eigens angelegten Salzgärten unter der heißen Sonne verdunsten. In Nordafrika konnte man die Kristalle an den Salzseen in der Wüste »ernten«. In nördlichen Gefilden, wo die Sonnenkraft nicht ausreichte, griff man in der Not auch darauf zurück, das lebenswichtige Salz aus der Asche von Pflanzenteilen (Pottasche) zu gewinnen. Das Einkochen (Sieden) von Sole war in den sonnenarmen Regionen eine gängige Methode, an das Salz zu gelangen. Die Bezeichnung »Kochsalz« leitet sich von dieser Form der Salzgewinnung her. Voraussetzung für das Salzsieden war natürlich, daß eine Solequelle zur Verfügung stand oder ein Salzstock unter Wasser gesetzt und die so erzeugte Sole abgepumpt werden konnte.

Im 12. und 13. Jahrhundert erinnerte man sich in Europa wieder der alten Salzbergwerke und versuchte, den wachsenden Bedarf an Salz auch durch Steinsalz zu decken. Der bereits erwähnte polnische Salzstock in Wieliczka entwickelte sich im Mittelalter zu einem Zentrum der Steinsalzgewinnung in Mitteleuropa. Das Salz wurde in der Hauptsache als Nahrungs- und auch Heilmittel genutzt. Daneben diente es der Konservierung von Nahrung. Töpfer verwendeten es für Glasuren, Gerber für die Bearbeitung der Häute. In der Metallurgie brauchte man es ebenso wie bei der Herstellung von Glaswaren.

Der Handel mit Salz war ein lukratives Geschäft. Monopole und Steuern brachten den weltlichen und kirchlichen Herrschern, dem Adel und den Kaufleuten ein Vermögen ein. Erst 1991 wurde in Deutschland die Salzsteuer, die zuletzt zu den Bagatellsteuern gehörte, abgeschafft.

Im 16. und 18. Jahrhundert machten es neue Techniken möglich, die Steinsalzvorkommen intensiver auszubeuten, gleichzeitig kam es in Europa zu einer Zunahme der Salinen. Ab dem 19. Jahrhundert gewann dann der Abbau von Steinsalz größte wirtschaftliche Bedeutung: zum einen wegen des nun einfacheren Transports durch das enger werdende Netz von Eisenbahnverbindungen und dank neuentwickelter Bohrmaschinen sowie Sprengtechniken, zum anderen durch die im 20. Jahrhundert aufstrebende chemische Industrie, die ganz auf Salz – ebenso wie auf Erdöl – angewiesen ist und sehr große Mengen dieser Rohstoffe verbraucht.

Während um 1800 etwa 90 Prozent des gewonnenen Salzes als Nahrungs-, Futter- und Konservierungsmittel verbraucht wurden, waren es wenige Jahrzehnte später nur noch 10 bis 20 Prozent. Das Verhältnis hat sich also umgekehrt: 90 Prozent des abgebauten Salzes werden von der chemischen Industrie genutzt, wobei durch Kochsalzelektrolyse sich die Chlor-Ionen des Steinsalzes zu den Molekülen des aggressiven Chlorgases verbinden. Chlorverbindungen sind die Grundlage für Kunststoffe wie das allgegenwärtige PVC oder für Pestizide wie Lindan. Gerade am Beispiel der chemischen Industrie, die einerseits den Fortschritt und Komfort unserer Gesellschaft ermöglicht und die andererseits die Umwelt und damit die Grundlage irdischen Lebens zu zerstören droht, wird die helle und die dunkle Seite des Salzes als einer der machtvollsten Stoffe anschaulich.

# Die zwei Gesichter des Salzes

Vor 150 Jahren konnte wissenschaftlich nachgewiesen werden, daß Kochsalz (Natriumchlorid) ein lebenswichtiger Stoff ist. Doch auch ohne exakte chemische und medizinische Analysen und Studien war den Menschen von Anbeginn klar, daß das Salz etwas Wertvolles, Nützliches und Stärkendes darstellt, das sie selbst und die Tiere zum Überleben brauchen. Genauso wußten sie um die Schattenseite des Salzes.

Die Erfahrung zeigte, daß bereits eine kleine Prise Salz große Wirkung hervorbringt – etwa beim Betonen des Eigengeschmacks von Speisen oder bei der Verabreichung als Stärkungsmittel. Ein Übermaß an Salz aber macht jeden Boden unfruchtbar. Wie wir heute wissen, erschwert oder verhindert gar der Salzgehalt im Boden die Aufnahme von Mineralstoffen durch die Pflanzenwurzeln. (Als Osmose bezeichnet man die Tatsache, daß Flüssigkeiten, die durch eine Zellwand getrennt sind, in die Richtung strömen, wo sich die höhere Salzkonzentration befindet.) Wenn Böden versalzen, wie es heute zum Beispiel in Australien geschieht, breitet sich Wüste aus. Im kleinen ist dieses Phänomen auch nach exzessivem Gebrauch von Streusalz zum Auftauen von schneebedeckten und vereisten Straßen zu beobachten, wenn nämlich die Bäume am Straßenrand absterben. Im menschlichen Körper stört ein zu hoher Salzkonsum die Arbeit der Nieren und verschlimmert bei besonders empfindlichen Personen eine Erkrankung an Bluthochdruck. So gesehen ist das Salz stets sowohl Segen als auch Fluch gewesen.

Das Salz wurde seit der Steinzeit als Würz- und Konservierungsmittel benutzt. Salz wirkt antibakteriell. Es entzieht Stoffen das Wasser und damit den Mikroorganismen, die Fäulnis verursachen, die Lebensgrundlage. Lange Zeit war Salz – neben dem Konservierungsmittel Honig – die einzige Möglichkeit, Fleisch, Fisch, Milchprodukte und Gemüse haltbar zu machen und somit Vorräte anzulegen.

Das Salz spielte jedoch nicht nur eine wichtige Rolle bei so weltlichen Angelegenheiten wie der Zubereitung und Haltbarmachung von Speisen. Es diente auch kultischen Zwecken. Die alten Ägypter setzten Salz und Honig, die beiden ältesten Konservierungsstoffe, ein, um die Verstorbenen einzubalsamieren und zu mumifizieren. Der Leichnam wurde in eine Salzlake getaucht, auf daß das Salz den Körper nach dem Tod genauso zusammenhalte, wie es zu Lebzeiten des Menschen seine Seele getan hatte. Doch nicht nur im Totenkult fand das Salz Anwendung. Es wurde ebenso den Lebenden als Arznei verordnet und im Rahmen kultischer Handlungen benutzt. Priester bauten das Salz unter anderem in der Siwah-Oase in der Libyschen Wüste ab, wo zu pharaonischer Zeit ein Heiligtum des Sonnengottes Amon Re gelegen war.

Auch den Griechen und Römern war das Salz heilig, ja es wurde sogar als Gottesgeschenk betrachtet. Salz war Bestandteil des Opferrituals. Es machte Opferspeisen wie auch

die ganz normalen Lebensmittel schmackhaft und haltbar, und es verlieh ihnen Weihe. Daneben hatte das Salz die Funktion, Dämonen auszutreiben und herumirrende Seelen Verstorbener zu bannen. Schlachtfelder und die Trümmer der eroberten und geschleiften Städte wurden manchmal mit Salz bestreut, um sich vor rächenden Geistern zu schützen, den eigenen Sieg zu bekräftigen und die vernichtende Niederlage des Feindes durch das symbolische Unfruchtbarmachen des gegnerischen Territoriums zu verkünden.
Im Alten Testament gibt es eine Fülle von Hinweisen auf den Segen und den Fluch des Salzes. So wird das Salz in der Geschichte von Lots Frau, die zur Salzsäule erstarrt, zum Ausdruck von Gottes Zorn und Strafe. Das Salz besiegelt andererseits den dauerhaften Bund, den Gott mit den Menschen schließt (4. Mose 18,19). Damit dient das Salz auch im Christentum wie in der »heidnischen« Antike, in der keltischen Tradition und im Islam als Verbindungsglied und Vermittler zwischen göttlicher und menschlicher Sphäre. Seit frühesten Zeiten bis in unsere Tage ist das Salz Bestandteil religiöser Zeremonien wie zum Beispiel des Exorzismus, der Taufe, des Segnens. Während sich die evangelische Kirche nicht mehr der Symbolik des Salzes bedient, kennt die katholische Kirche noch die Salzweihe (vor allem zu Ostern) und das Weihen und Segnen des Salzes, das dann in Weihwasser gestreut wird.
In der Bergpredigt lehrt Jesus seine Zuhörer »Ihr seid das Salz der Erde« und »Ihr seid das Licht der Welt« (Matthäus 5,13-14), was dahingehend interpretiert werden kann, daß alle, die Jesus nachfolgen, das Göttliche wie eine kraftvolle, intensive und durch nichts zu ersetzende Lebensessenz in

die Welt bringen. Salz, das sich im Wasser so leicht auflöst und als Mineral von relativ weicher Konsistenz ist, besitzt eine alles durchdringende Kraft, die dem Leben auf der Erde in vielerlei Hinsicht Form, Bedeutung und Würze gibt.

Das Salz zeigt also zwei ganz verschiedene Gesichter. Das ausgestreute Salz neutralisiert und konserviert einerseits und ist damit ein Symbol für Dauerhaftigkeit, Treue und Beständigkeit. Andererseits läßt es Dinge verdorren und macht unfruchtbar. In diesem Zusammenhang ist es ein Symbol für Unheil, Strafe und Gottes Zorn. Salz macht Wasser für den Menschen ungenießbar. Doch wurden Brunnen mit geweihtem Salz gesegnet, auf daß sie gutes Wasser spenden.

Mit Salz schließt man von alters her Bündnisse und besiegelt Freundschaften – traditionellerweise bei einem Mahl aus Salz und Brot. Andererseits hat das Salz die Kraft, Fesseln zu sprengen. Salz ist ein wirksamer Gegenzauber, wenn »böse Geister« oder der böse Blick eines Widersachers die eigene Kraft lähmen. Salz reinigt die Atmosphäre und läutert Körper und Geist. Aber es wirkt auch erregend auf den Organismus, es steht in dem Ruf, die Potenz zu steigern, und es stimuliert als geistige Würze den Verstand sowie innere Tugenden.

Die volkstümlichen Geburts- und Hochzeitsbräuche, die traditionellen Gesten der Gastfreundschaft, das »Brot und Salz« zum Einzug in eine neue Wohnung, die magischen Rituale des Bannens – all diese Gebräuche zeugen von der hohen symbolischen Bedeutung des Salzes, die mit vielfältigen praktischen Anwendungen verflochten ist.

Die Herkunft des Salzes aus der Erde *und* aus dem Meer macht es schwierig, das Salz nur einem Element zuzuordnen. Die aus der Antike stammende westliche Elementelehre unterscheidet zwischen Wasser, Erde, Feuer und Luft. Das *Stein*salz gehört demnach zum Element Erde. Das *Meer*salz ist mit dem Wasser-Element verbunden.

In der jüdisch-christlichen Tradition wurde das Salz als warm und trocken charakterisiert, während die mittelalterliche arabische Gelehrsamkeit mit dem Salz feuchte und kalte Eigenschaften verband.

Die mittelalterliche Alchimie verstand unter »Salz« eine verwirrende Zahl verschiedenster Stoffe, das Kochsalz selbst spielte keine bedeutende Rolle. Erst Paracelsus erhob das Salz (Sal) in den Rang eines alchimistischen Grundelements. Neben Schwefel (Sulphur) und Quecksilber (Mercurius) repräsentierte es nun als ein Urprinzip die *Ursache* bestimmter stofflicher Eigenschaften. Es verkörperte in diesem Zusammenhang das Feuerfeste und Unschmelzbare. Mit moderner Chemie und wissenschaftlichen Methoden hat das so gut wie gar nichts zu tun, dafür mit einem magischen Weltbild, bei dem mit symbolischen Zuordnungen und Entsprechungen gearbeitet wird. Nach alchimistischer Interpretation ließe sich Sal dem Körper zuordnen, Sulphur der Seele und Mercurius dem Geist.

Im Rahmen der traditionellen chinesischen Lehre wird zwischen fünf Elementen unterschieden: Erde, Metall, Wasser, Holz und Feuer. Speziell Salzkristall-Lampen gehören nach chinesischer Lehre aufgrund ihres Materials dem Element Erde an. Durch ihre rötliche Farbe stehen sie aber auch mit dem Element Feuer in Verbindung. Beides wird im Feng

Shui berücksichtigt, der Kunst der (innen)architektonischen Gestaltung und Harmonisierung von Lebensräumen nach energetischen Gesichtspunkten (siehe Seite 51 ff.).
Generell ist das Steinsalz Yin, da es aus dem Schoß der »weiblichen« Erde stammt. Aber es hat auch Yang-Charakter, da es »männliche« Schärfe und erregende Kraft besitzt.

# Heilsame energetische Wirkungen des Steinsalzes

Salz ist ein unauffälliger Helfer aus dem Mineralreich – in vieler Hinsicht das Gegenstück zum harten, funkelnden Diamanten, mit dem man sich schmückt und der höchst geschätzt wird. Doch wie der brillante Diamant wird das vergleichsweise weiche und unscheinbare Salz mit Treue, Reinheit und Beständigkeit in Verbindung gebracht. Der kurze Überblick zur Geschichte und Tradition des Salzes hat gezeigt, worin die Stärken des Salzes liegen und welche Symbolik Menschen aller Kulturen und Epochen mit dem Salz verbinden: Reinigung, Läuterung, Schutz, Beständigkeit, Dauerhaftigkeit, Nahrung, Potenz, Weisheit, Verbindung – auch im religiösen Sinne – sowie Austausch. Kurz gesagt: Salz reinigt, konserviert und verleiht geistige wie körperliche Kraft, um zur Wahrheit durchzudringen oder sich gegen Angreifer zur Wehr zu setzen.

Das Steinsalz ist in erster Linie ein Mittel zur energetischen Reinigung. Es klärt die Atmosphäre, wenn sie von »bösen Geistern« jeder Art vergiftet ist. Dazu zählen eigene oder fremde negative Gedanken, Verwünschungen oder Erinnerungen an leidvolle Erfahrungen, die als negative Schwingungen in Häusern, Räumen, Möbeln oder Schmuckstücken gespeichert sind. Auf subtile Weise hilft das Steinsalz somit, die Raumluft zu verbessern, belastende Schwingungen zu verbannen und letztlich die Gesundheit zu stärken. Nach Tradition und Erfahrung ist die energetisch reinigende und klärende Kraft des Salzes unbestritten. Nichts zieht negative Schwingungen stärker heraus und bindet sie als das Salz. Solche »feinstofflichen Reinigungskuren« machen sich letztlich auch auf der grobstofflichen, materiellen Ebene bemerkbar. Das wird jeder bestätigen können, der einmal ein Reinigungsritual mit Salz vollzogen oder ein Reinigungs- und Entschlackungsbad mit Salz versucht hat (Anwendungsrezepte auf Seite 82 ff.) – oder aber mit Bedacht eine Salzkristall-Lampe in seiner unmittelbaren Umgebung plaziert hat.

In der Steinheilkunde, die sich mit der therapeutischen Anwendung von Kristallen und Edelsteinen in einem ganzheitlichen Sinne befaßt, spielt das Steinsalz (Halit) heute keine herausragende Rolle. Das Augenmerk liegt auf Kristallen, die man aufgrund ihrer Härte auch zu Schmuck verarbeiten kann, die den verschiedenen Tierkreiszeichen zugeordnet werden oder die in einem bestimmten Heilungssystem Anwendung finden, wie zum Beispiel in der Gesundheitslehre der Hildegard von Bingen, im Ayurveda oder in den alternativen feinstofflichen Therapien.
Dennoch finden sich verschiedene Hinweise auf die positive Kraft des Steinsalzes im Rahmen der Kristallmedizin. Die Wirkungen des Halits werden relativ einheitlich beschrieben. Im großen und ganzen ergeben sie sich aus dem bereits umrissenen Bedeutungs- und Einsatzfeld des Salzes, das sich seit den Anfängen der Menschheit herausgebildet und gefestigt hat.

Demnach wirkt Halit in erster Linie reinigend und klärend. Er hilft dabei, sich von einschränkenden, krankmachenden emotionalen Verhaftungen sowie negativen Denk- und Verhaltensmustern zu lösen. Der auf dem Gebiet des Heilens mit Kristallen sehr erfahrene Michael Gienger schlägt zu diesem Zweck folgende Anwendung vor: Die schlechte Angewohnheit oder das zu lösende Muster in einem prägnanten Stichwort oder kurzen Satz formulieren und wie ein Mantra wiederholen, während man den Blick über die markanten Kanten von reinem Halit wandern läßt, um so die Worte und den damit bezeichneten Inhalt nach und nach aufzulösen. Das Negative, von dem man sich verabschieden will, wird quasi dem Halit übergeben, der es dann »entsorgt«. Bei Depressionen, Einsamkeitsgefühlen und Hoffnungslosigkeit kann der Halit auf ganzheitlicher Ebene als ein Botschafter der mutigen Veränderung und Neuausrichtung dienen. Mit seiner Hilfe können sehr alte, tiefsitzende Traumata ans Licht des Bewußtseins gehoben und schließlich gelöscht werden. Daneben schützt Halit vor Manipulation und Angriffen von außen, die die eigene Kraft lähmen und binden.

Nach der Kristallexpertin JaneAnn Dow vermittelt der Halit gute Laune und Zuversicht. Er hilft, sich nach konstruktiven neuen Denk- und Verhaltensmustern auszurichten und sie zu integrieren. In diesem Sinne wirkt er auch ausgleichend und harmonisierend.

Auf der mehr physischen Ebene stimuliert der Halit nach Meinung der Kristallexpertin Melody alle Meridiane und wirkt tonisierend. Dieselbe Ansicht findet man auch bei Gurudas, einer Autorität vor allem in bezug auf Edelsteinessenzen. Er betont den positiven Effekt auf die Reflexzonen, vor allem auf die Fußreflexzonen und auf das Kreuzbein als Reflexzone für die Beine.

Der Erfolg der Salzlampen, die heute eine so große Verbreitung erfahren, beruht sicher neben dem Ionisierungseffekt zu einem großen Teil darauf, daß die Menschen instinktiv spüren, daß sie sich mit dem Steinsalz einen großen energetischen Helfer und Heiler ins Haus holen. In einer Salzlampe, die zu einem festen Bestandteil der Wohnungseinrichtung wird, kommen die vielseitigen stärkenden, vitalisierenden und schützenden Eigenschaften optimal zur Geltung.
In Verbindung mit Salzkristall-Lampen wird sich der Begriff »Raumklima« stets auch auf den inneren Raum und die geistige Atmosphäre beziehen. Ist der Kopf voller Sorgen, kann der warme, beruhigende Schein einer Salzlampe helfen, den ersten Schritt zu tun, um sich zu befreien. Das Salz hat die Kraft, die inneren Dämonen der Angst zu vertreiben. Der mediale Buchautor und Lehrer Edwin Courtenay betont in einem Kommentar zur Bedeutung der Salzkristall-Lampen in unserer Zeit diesen ganzheitlichen Aspekt der Verbesserung des Raumklimas. In mancher Hinsicht erinnert die Wirkungsweise der Salzkristall-Lampen an die alten Heilungsmethoden in Atlantis, bei denen Farbe, Licht, Kristalle und Luft kombiniert eingesetzt wurden, um den physischen Körper, den Verstand, das Herz und den Geist in Harmonie zu bringen.

# Licht und Farbe für Körper, Geist und Seele

Seit frühester Zeit fügte man dem Lampenöl etwas Salz hinzu, so daß die Lichter heller brannten. Ein besonderes Gemisch aus Öl und Salz wurde im alten Ägypten verwendet, um für Nachtlampen einen sanften gelblichen Schein zu erzeugen. Natrium verbrennt mit gelber Flamme. Vielleicht kann man in diesen ägyptischen Nachtlichtern einen sehr frühen Vorläufer der heute so beliebten Salzkristall-Lampen sehen, auch wenn bei den Salzlampen das Farblicht mit Hilfe einer Glühbirne erzeugt wird, die durch das orangefarbene Steinsalz scheint. Immerhin geht es aber in beiden Fällen darum, mit Farblicht eine besondere Wirkung zu erzeugen.

Licht und Farbe sind entscheidende Komponenten, um eine behagliche, gemütliche Atmosphäre herbeizuzaubern. Farblicht kann aufgrund seiner ästhetischen Wirkung angenehme Gefühle und Wohlbefinden hervorrufen. Farblicht ist darüber hinaus eine starke Medizin für Körper, Geist und Seele.

Auf den sanften Schein einer Salzkristall-Lampe reagieren so gut wie alle Menschen spontan mit Wohlgefallen. Anziehend wirkt der orangefarbene, je nach Lampe mal mehr gelblich und mal mehr rötlich oder rosa oder bräunlich schimmernde Farbton. Das **Orange** ist eine Farbnuance, die aus der Mischung des anregenden, herausfordernden und kraftspendenden Rot mit dem leichten, heiteren und beschwingten Gelb hervorgeht.

Orange ist eine sehr sinnliche, warme Farbe. Sie entspannt, macht weich, offen und großzügig. Orange vermittelt emotionale Nähe, Geborgenheit, Vertrauen und schenkt Lebensfreude und ein sonniges Gemüt. Mit Orange befindet man sich auf der heiteren, genußvollen Seite des Lebens. Spaß, Frohsinn, Humor, Festtagsstimmung und Zuversicht gehen vom kommunikativen Orange aus. Orange ist auch die Farbe der Glückseligkeit und steht für inneren wie äußeren Reichtum. Das Öffnende des Orange macht jedoch nicht passiv, sondern beflügelt zu kreativen Plänen und Projekten. Bewußtseinserweiterung, eine natürliche Gelassenheit und Selbstsicherheit folgen aus der Offenheit für das Leben und die Wechselfälle des Schicksals. Orange hilft, sich zu erden, wieder gesund zu werden, sich zu stärken und mit neuer Lebenskraft aufzutanken.

Orange ist in der Farbtherapie *der* Schockauflöser par excellence. Es hilft, traumatische Ereignisse zu überwinden und die emotionalen Verletzungen der Vergangenheit sowie Ängste loszulassen. Orange bringt Ordnung und Harmonie in ein zerrüttetes Nervenkostüm oder verschrecktes Gemüt. Akute wie auch lange zurückliegende, nicht aufgearbeitete und verschüttete schockierende Erlebnisse können mit dem Sicherheit und Wärme vermittelnden Orange behandelt und erlöst werden.

Orange stimuliert das zweite Chakra (Sexual- oder Sakral-Chakra), das im unteren Becken gelegen und in seiner Funk-

tion mit dem Kreuzbein verbunden ist. Dem zweiten Chakra werden die Fortpflanzungsorgane zugeordnet. Hinzu kommt sein Einfluß auf Niere und Blase, auf die Milz, die Lymphe und die Verdauungssäfte. Orange ist nach der Lehre von den Chakras die Heilfarbe für alle seelischen, emotionalen und physischen Probleme und Störungen in bezug auf Sexualität, Fruchtbarkeit und Kreativität.
Abgesehen davon empfiehlt sich die Unterstützung der Farbe Orange bei Sklerosen, Anämie und Verdauungsbeschwerden. Auf der psychischen Ebene hilft es bei Depressionen, Ängsten und Antriebslosigkeit. Orange vertreibt Melancholie und Gehemmtheit. Es hilft den Schüchternen und besänftigt die ewig Unzufriedenen, die glauben, im Leben zu kurz gekommen zu sein.
Die Heilwirkungen von Steinsalz überschneiden sich mit denen der Lichtschwingung von Orange in manchen Aspekten und verstärken sich damit gegenseitig. Eine Salzkristall-Lampe, die durch die farbgebenden Eisenpartikel in einem Orangeton leuchtet, wirkt demnach verstärkt als Instrument des Schutzes, der Bewältigung von Traumata, der Überwindung von Ängsten und Blockaden, der Reinigung, der Stimulation und Kräftigung sowie der Erdung, innerlichen Festigung und Bewußtseinserweiterung, so daß mehr Lebensfreude einfließen kann.

Manche Lampen zeigen auch einen mehr apricotfarbenen Ton. **Apricot** ist ein pastelliges Orange. Es gelten im Prinzip die oben angeführten Wirkungen. Die Pastellwirkung zeigt sich als sanftere Stimulation. Apricot erscheint weicher. Der Akzent liegt mehr auf der behutsamen Öffnung, der Überwindung von Blockaden und der Aktivierung des freien Lebensflusses.

Als **Koralle** wird die Mischung von Rosa und Gold bezeichnet. Manche Salzkristall-Lampen zeigen vorwiegend diese Nuance von Orange. Im Rahmen des farbtherapeutischen Systems von Aura-Soma spielt Koralle ebenfalls eine Rolle. Koralle ist noch leichtfüßiger als das reine Orange, doch es kann ebenfalls seelische Verletzungen heilen. Der Akzent liegt hier auf der Stärkung der Selbstliebe. Auf körperlicher Ebene berührt Koralle neben den Geschlechtsorganen die Ausscheidungsorgane und das Hormonsystem.

**Rosa** ist ein Farbton, der durch die Verfeinerung von Rot durch Weiß entsteht. Rosa wird mit dem Herz-Chakra in Verbindung gebracht und inspiriert dazu, sein Herz zu öffnen und auf sein Herz zu hören. Rosa hilft zudem, ein gebrochenes Herz zu heilen. Manche Salzkristall-Lampen haben einen Rosaton und reinigen durch ihr Farblicht eine Atmosphäre, die voller Sorgen, Anspannung und Kümmernisse ist.

Manche Salzkristall-Lampen zeigen auch viel **Weiß**. Strenggenommen ist Weiß – wie auch das Schwarz – keine Farbe. Weiß steht für Reinheit und Klarheit auf allen Ebenen. Reines Steinsalz (Halit) ist farblos. Der Aspekt der Entgiftung sowie der meditativen Ausrichtung auf das Höchste ist bei vorwiegend weißen, farblos und transparent erscheinenden Salzkristall-Lampen angesprochen.

**Braun:** Bräunliche Einfärbungen bei einer Salzkristall-Lampe betonen die erdende Kraft des Steinsalzes.

Im letzten Kapitel wurde bereits die heilsame Wirkung des Steinsalzes beschrieben. In Form einer Lampe kommt das Mineral zu besonderen Ehren und kann in der unmittelbaren Umgebung eines Menschen seine positiven Wirkungen entfalten. Diese verstärken sich noch durch die energiereichen Farbschwingungen.
Bei einer Salzkristall-Lampe verbinden sich demnach zwei besondere Wirkungen:

- die reinigende, erfrischende, klärende, erdende, schützende und stärkende Kraft des Steinsalzes
- die warme, aufmunternde Schwingung des orange-rötlichen Farblichts

# Die Kunst der richtigen Plazierung

In erster Linie werden auch Sie sich sicher intuitiv zu den Salzkristall-Lampen hingezogen fühlen. Bestimmt erst in einem zweiten Schritt kommen dann rationale Argumente für den Kauf einer solchen außergewöhnlichen Lampe zum Zuge, wie »Salzlampen machen ein gutes Raumklima« oder »Salzlampen helfen mir, wenn ich im Winter bei Heizungsluft wieder so stark unter Asthma leide«.

Ganz spontan intuitiven Eingebungen zu folgen ist meist ein guter Weg, um sich genau das zu holen, was die Seele – oder der Körper – gerade braucht. Vielleicht wissen Sie auch sofort, wo Sie Ihre Salzlampe aufstellen wollen. Dennoch kann es sehr nützlich sein, sich noch einmal die mögliche Bandbreite der Wirkungen des Steinsalzes bewußtzumachen und die Salzlampe mit Bedacht, das heißt mit einer klar definierten Zielsetzung zu plazieren. Sobald Sie eine Sache ganz bewußt tun oder einen Wunsch in eindeutige Worte fassen, erhöht sich die Chance, daß genau das eintrifft, was Ihnen am Herzen liegt und was ihr Körper braucht.

Salzkristall-Lampen gibt es in verschiedenen Größen, Formen und Farbschattierungen. Daneben werden auch Teelichter und Duftlampen aus Salzkristall angeboten. Es stehen Ihnen also verschiedene Möglichkeiten offen, Ihre Wohnung mit dem Steinsalz zu verschönern und mit Kraft aufzuladen.

Die Salzkristall-Lampen eignen sich für zu Hause und den Arbeitsplatz. Im einzelnen lassen sie sich vor allem folgendermaßen einsetzen:

- Eingangsbereich/Diele
- Wohnzimmer
- Eßecke, Eßzimmer
- Schlafzimmer
- Kinderzimmer
- Arbeitszimmer/Büro
- Meditationszimmer/-ecke
- Seminarräume
- Therapie- oder Behandlungsräume
- Wartezimmer
- Krankenzimmer

Salzkristall-Lampen verschönern jeden Innenraum. Im Freien sind sie jedoch fehl am Platz, auch im Badezimmer haben sie nichts zu suchen, denn Feuchtigkeit setzt dem Steinsalz zu. Es ist wasserlöslich und in geringem Maß hygroskopisch, das heißt, es zieht Wasser an. Diese Eigenschaften sind Ihnen ja vom Salz, das Sie in der Küche verwenden, vertraut.

Im **Eingangsbereich** wirkt eine Salzkristall-Lampe einladend und freundlich. Das fröhliche, kommunikative, offene Orange zieht den Blick auf sich und heißt Sie selbst und Ihre Gäste beim Eintreten in die Wohnung willkommen. Die Botschaft lautet: Hier ist es gemütlich und sicher. Hier herrschen Großzügigkeit, Offenheit und Gastfreundlichkeit. Gleichzeitig kann das Salz unliebsame Gäste energetisch abwehren und den Eingangsbereich schützen.

Der Eingangsbereich ist die Visitenkarte Ihres Heims. Er ist ein Indikator für die Wohnqualität insgesamt, womit jedoch nicht das Zurschaustellen materieller Statussymbole gemeint ist. Vielmehr geht es darum, bereits an der Eingangsschwelle den harmonischen Geist des Hauses zum Ausdruck kommen zu lassen.
*Mögliche Zielsetzungen*: Ausdruck von Gastlichkeit, Gemütlichkeit, Wohlstand und Persönlichkeit; energetischer Schutz der Eingangstür, Reinigung des von außen Hereinkommenden, Filter zwischen Innen- und Außenraum.

Im **Wohnzimmer** setzt die orangefarbene Salzkristall-Lampe einen erdenden und wärmenden Akzent. Sie vermittelt Ruhe und Geborgenheit. Das heimelige Licht erinnert an die Glut eines Herdfeuers, um das sich Menschen versammeln. Hier ist der Platz, um in Muße seinen Gedanken still nachzuhängen oder in geselliger Runde den Geschichten zu lauschen, die erzählt werden, oder um sich entspannt miteinander auszutauschen.
Das gute Raumklima wird einerseits durch den reinigenden, ionisierenden Effekt des Steinsalzes erzeugt. Andererseits bringt der orangeleuchtende Farbstrahl eine besondere Qualität in den Wohnraum. Orange verleiht dem Zimmer eine heitere, großzügige und lebensfrohe Note. Das Reine des Salzes und Sinnenfrohe des Orange verbinden sich in der Salzlampe, die die Gemütlichkeit des Wohnzimmers, das in der Regel der Mittelpunkt der Wohnung oder des Hauses ist, unterstreichen und verstärken.
*Mögliche Zielsetzungen*: Luftreinigung, Belebung und Reinigung einer »dunklen« Ecke, eine Sitzgruppe noch gemütli-

cher und behaglicher machen, einen Blickfang gestalten, der Optimismus und Lebensfreude vermittelt, einen kommunikativen Bereich gestalten.

Im **Eßbereich** ist das Salz von jeher zu Hause. Eine Salzkristall-Lampe kann dazu dienen, die Atmosphäre im Eßzimmer aufzuhellen und freundlicher zu gestalten. Das Orange bringt die Magen- und Verdauungssäfte zum Fließen und stärkt den Appetit. Menschen, die stets darum kämpfen, ihre überflüssigen Pfunde loszuwerden, sollten deshalb auf die Farbe Orange im Eßbereich lieber verzichten. Kinder, die zappelig sind und nicht essen wollen, können sich mit Hilfe von Orange hingegen entspannen und mit Appetit ihrem Essen widmen. Ebenso kann es Kranken helfen, wieder zu Kräften zu kommen und die Nahrung gut zu verdauen. Der Eßplatz ist zudem ein idealer Treffpunkt für die Familie, die dort die Mahlzeiten gemeinsam einnimmt und sich austauscht. Das Geborgenheit vermittelnde Licht einer Salzlampe unterstützt eine liebevolle und gutgelaunte Kommunikation.
*Mögliche Zielsetzungen*: Anregung des Appetits, eine bekömmliche Atmosphäre für gemeinsame Mahlzeiten schaffen, einen Familientreffpunkt attraktiv machen.

Im **Schlafzimmer** sorgen Salzkristall-Lampen für ein gutes Schlafklima. Menschen, die unter Atemwegsbeschwerden und Allergien leiden, werden von der reinigenden Kraft des Steinsalzes profitieren. Bei akuten Krankheiten empfiehlt es sich, die Lampe mehrere Stunden vor dem Schlafengehen oder sogar die ganze Nacht lang brennen zu lassen, damit sich die ionisierende, luftverbessernde Wirkung einstellen kann. Abgesehen davon wirkt sich ein gut belüfteter und zusätzlich durch das Steinsalz aufgeladener, frischer Schlafraum auf jeden Organismus positiv aus. Mir wurde von der Erfahrung berichtet, daß ein zuvor durch nichts zu vertreibender »muffeliger« Geruch im Schlafzimmer mit Hilfe einer Salzkristall-Lampe, die regelmäßig etwa vier Stunden lang vor dem Schlafengehen brannte, verschwand.

Salz schützt auch vor »geistiger Luftverschmutzung« durch belastende Gedanken und andere »Gespenster«, die an bestimmte Orte oder Gegenstände gebunden sind. Eine Salzlampe kann demnach auch als Wächter für einen ungestörten tiefen und erquickenden Schlaf dienen. Sie kann helfen, das eigene schützende Energiefeld zu stärken und es in den Stunden des Schlafes zu regenerieren.

Das Traumleben kann durch eine Salzlampe aktiviert werden. Das Steinsalz schenkt die Gelegenheit, sich auf sehr tiefe Schichten der Erdgeschichte einzustimmen und analog dazu auf sehr tiefe Schichten seiner eigenen Geschichte. Das Orange bringt auf behutsame Weise Konflikte und Verletzungen an die Oberfläche, so daß sie gelöst und geheilt werden können. So vermag eine Salzkristall-Lampe das Traumleben zu aktivieren. Eine Dame erzählte, daß frühe Kindheitsträume plötzlich wieder aufgetreten seien, seit sie eine Salzlampe am Bett stehen habe. Sie würde ihr helfen, ihre Kindheit über den Weg der Träume aufzuarbeiten.

*Mögliche Zielsetzungen*: Luftverbesserung, ungestörte Nachtruhe, tiefer Schlaf, Heilträume, Abwehr von Alpträumen, einen persönlichen Schutzraum schaffen, von außen kommende Negativität neutralisieren.

Ein **Kinderzimmer** ist gleichzeitig Schlaf-, Spiel- und Schularbeitszimmer. Deshalb gilt das unter dem Stichwort »Schlafzimmer« Gesagte auch für das Kinderzimmer. Je kleiner ein Kind ist, desto mehr Schutz braucht es, da seine Aura noch nicht so klar umrissen und ausgebildet ist wie bei einem erwachsenen Menschen. Aus diesem Grund werden Kinder schützend auf den Arm oder an die Hand des Erwachsenen genommen, oder sie suchen selbst den Schutz, indem sie nachts in das Bett ihrer Eltern schlüpfen. Für Kinder kann die Nacht voller beängstigender Eindrücke sein. Sie hören, sehen und ahnen Dinge, die den Erwachsenen verborgen bleiben. Monster, Gespenster, böse Zwerge oder Tiergestalten treiben ihr Unwesen und verstecken sich im Schrank oder unter dem Bett. Aus diesem Grund ist es ein häufiger Wunsch von Kindern, daß nachts ein Licht eingeschaltet bleibt. Als Nachtlicht für Kinder eignet sich eine Salzkristall-Lampe in hervorragender Weise. Alle Kinder mögen nachts ein beruhigendes Licht, das Spuk vertreibt, und alle Kinder mögen die Farbe Orange.

Sehr dunkle, kompakte Lampen geben ein gedämpftes Licht, das die ganze Nacht lang brennen kann. Kleine kugelige Lampen erinnern auch an die guten Heinzelmännchen, und für ein Kind können sie mit lustigen Geschichten von den hilfreichen, beschützenden Geistern aus dem Erdreich verbunden sein. Neben der Funktion als Nachtlicht sind Salzkristall-Lampen als Luftreiniger im Kinderzimmer nützlich, gerade wenn die Kleinen eine Anfälligkeit für Erkältungskrankheiten zeigen oder gar unter Allergien leiden.

*Mögliche Zielsetzungen*: Schutz, Beruhigung, Luftverbesserung, Reinigung.

Am **Arbeitsplatz** steht bei vielen Menschen ein Computer, und die Büromöbel sind massives Plastik, ebenso wie der Teppichboden und die Gardinen oder Jalousien vor den Fenstern. Dazu befindet sich das Büro womöglich in einem Hochhaus mit Klimaanlage, so daß das Fenster nicht geöffnet werden kann. Unter diesen Bedingungen ist am Arbeitsplatz von vornherein nicht mit einem guten Raumklima zu rechnen. Allerdings kann aktiv etwas zur Verbesserung der Situation getan werden. Eine Salzkristall-Lampe ist ein hervorragender Helfer, um die Zahl der Luftionen, die in Innenräumen durch statische Aufladung und Elektrosmog reduziert werden, zu erhöhen. Im Verein mit Pflanzen oder sogar einem Zimmerbrunnen zur Luftbefeuchtung (siehe auch Seite 66 ff.), kann das Steinsalz einen Raum auf allen Ebenen reinigen, erfrischen und gleichzeitig gut erden. Daneben erzeugt das Farblicht der Lampe eine kraftvolle, zuversichtliche und selbstbewußte Stimmung und kommunikative Atmosphäre. Auch am heimischen Arbeitsplatz kann der orangefarbene Schein einer Salzlampe die Kreativität anregen. Das Steinsalz kann außerdem dazu dienen, allzu luftige gedankliche Höhenflüge gut auf dem Boden der Realität zu verankern.

*Mögliche Zielsetzungen*: Reinigung, Optimierung des Raumklimas, Raum für eigene Ausstrahlung schaffen, Verbesserung der Kommunikation, Schutz, Rückbesinnung auf die Kraft der Erde und der Natur selbst in einer sehr künstlichen, technisierten Umgebung, Erdung in einer »aufgeladenen« Atmosphäre, Inspiration.

Eine Ecke im Schlaf- oder im Wohnraum wird wohl bei den meisten das **Meditationszimmer** ersetzen. Eine Salzkristall-Lampe hilft, diesen besonderen Bereich zu schmücken. Orangefarbene Lampen geben ein sanftes, gedämpftes Licht, das der Entspannung dient. Sie helfen, ins Gleichgewicht und zur Ruhe zu kommen. Transparenter erscheinende Salzkristall-Lampen mit viel Weiß betonen den Aspekt der Reinigung und Ausrichtung auf das Höchste. Doch ungeachtet des Farbstrahls, der von der Lampe ausgeht – das Steinsalz reinigt, erdet und schützt den Meditierenden.
Von alters her ist das Salz Teil religiöser Zeremonien und Handlungen, und man wird das Licht der Salzlampe als passenden Rahmen zu schätzen wissen.
*Mögliche Zielsetzungen*: Erdung, Gleichgewicht, Reinheit, Schutz, Kommunikation mit dem Höheren Selbst, Verstärkung von Gebeten, Inspiration.

Salz ist in der Lage, ordnend auf chaotische Energien einzuwirken und die Atmosphäre in energetischer Weise zu reinigen. In **Seminarräumen**, wo viele Menschen sich angestrengt neues Wissen aneignen oder das »Loslassen« üben, können belastende Gedankenformen die Luft verpesten. Frische Luft muß dann durchs Fenster hereingelassen werden. Zusätzlich zum regelmäßigen Lüften des Raumes können eine oder mehrere Salzkristall-Lampen dazu dienen, zu reinigen, zu erden, zu neutralisieren und aufzumuntern. Die schönen Farben und Formen der Salzkristall-Lampen geben jedem Raum eine besondere, individuelle Note. Das Farblicht unterstützt ein Sichöffnen für das Neue und beflügelt den Geist.

*Mögliche Zielsetzungen*: Klärung, Reinigung, Schmuck, entspannte Kommunikation, Kreativität.

Was unter dem Stichwort »Seminarräume« erwähnt wurde, gilt zum großen Teil auch für **Therapie-/Behandlungsräume**. Eine Salzlampe hilft, den Raum energetisch in Balance zu halten, indem Gedankenformen keine Chance gegeben wird, sich in dunklen Ecken festzusetzen. Durch die Luftionisation wird die gute Sauerstoffzufuhr für den Körper unterstützt. Das Licht einer Salzlampe erinnert zudem in gewisser Weise an die Geborgenheit im Mutterschoß. So kann es tröstlich und beruhigend wirken, wenn in einer Therapiesitzung oder während einer medizinischen Behandlung schmerzhafte Dinge bearbeitet werden, und dazu beitragen, den Rahmen zu schaffen, daß sich ein Patient öffnet und seine Selbstheilungskraft fließen läßt.
Salz reinigt im übertragenen Sinn Wunden, weicht Verkrustungen auf und neutralisiert, das Orange wirkt entkrampfend und angstlösend – eine Salzlampe kann sowohl für den Patienten als auch den Behandler ein wichtiger energetischer Helfer sein.
*Mögliche Zielsetzungen*: Verbesserung des Raumklimas auf physischer und seelischer Ebene, Reinigung, Austreibung und Abwehr von negativer Energie, Schutz, Heilung.

Im **Wartezimmer** einer Praxis wird eine Salzlampe für gute Raumluft sorgen und eine beruhigende Atmosphäre schaffen. Die Lampe kann ein aufmunternder Blickfang sein, der die wartenden Patienten von negativen Gedanken ablenkt.

*Mögliche Zielsetzungen*: Verbesserung des Raumklimas, Reinigung, Aufbau einer heiteren Atmosphäre.

Wie in einem Behandlungszimmer können sich auch in einem **Krankenzimmer** leicht unerwünschte Energien festsetzen – von Staub und Keimen ganz zu schweigen. Eine Salzkristall-Lampe wird in einem Krankenzimmer helfen, die Luft rein zu halten, und so eine grundlegende Voraussetzung für die schnelle Genesung schaffen. Darüber hinaus kann sie dem Kranken über den Farbstrahl Kraft und Trost vermitteln.
Wie in einem Kinderzimmer vertreibt das warme Licht der Salzlampe vor allem auch nachts Ängste und trübe Gedanken. Orange schenkt Lebensmut, hilft aber auch gleichzeitig, sein Schicksal anzunehmen.
*Mögliche Zielsetzungen*: Luftreinigung, Krankheitskeimen auch durch energetische Reinigung die Basis entziehen, Aufmunterung, Trost, Stärkung.

**Teelichter** aus Steinsalz werden in jedem Zimmer einen Akzent setzen. Sie können damit den Eßtisch schmücken und im feinen Kerzenschein Ihre Mahlzeiten genießen, statt sie hastig und gedankenlos hinunterzuschlingen. Der Blick auf das orangefarbene Licht beruhigt und ist äußerst magenfreundlich. In harmonischer Atmosphäre aufgenommene Speisen sind bekömmlicher und werden besser verdaut.
Mit den Teelichtern aus Steinsalz können Sie auch den Platz in Ihrer Wohnung, wo Sie Familienfotos, Andenken oder andere Objekte arrangiert haben, zusätzlich energetisieren.

Das Salzlicht verleiht dem Ort eine Weihe und schafft einen besonderen Rahmen.
Das Teelicht kann auch auf dem Schreibtisch oder auf der Fensterbank vor der Arbeitsfläche in der Küche seinen Platz finden. Jedesmal wenn Ihr Blick darauf fällt, verbinden Sie sich automatisch mit etwas Reinem und Schönem.
*Mögliche Zielsetzungen*: Energetisierung, Ruhepunkte fürs Auge schaffen, Tischgestaltung.

Inzwischen werden auch **Duftlampen** mit einem Sockel aus Steinsalz angeboten. Ihren Platz finden sie wie die Teelichter überall dort, wo sie zur Behaglichkeit eines Raumes beitragen oder einen bestimmten Platz im Raum energetisieren sollen. Im Kapitel über weitere Möglichkeiten, ein gutes Raumklima zu erzeugen, komme ich noch einmal auf die Duftlampen zurück (siehe Seite 75 f.).
*Mögliche Zielsetzungen*: Energetisierung, Reinigung, Erfrischung, Heilung, Stimmungsaufhellung.

# Feng Shui für Salzkristall-Lampen

Ihr ästhetisches Empfinden und Ihre Intuition, der Sie ruhig öfter vertrauen sollten, sind hervorragende Wegweiser, um einer Salzkristall-Lampe einen guten Platz zu geben. Doch neben dem Gebrauch des gesunden Menschenverstandes beim Umgang mit diesem besonderen Material und Farblicht kann die Beachtung einiger Grundregeln des Feng Shui die energetische Wirkung der Lampe wesentlich verbessern, ja sogar erst die jeweils optimale Wirkung erschließen.

Die Beliebtheit von Salzkristall-Lampen und das große Interesse für die sehr populär gewordene Methode des aus China stammenden Feng Shui haben eines gemeinsam: Sie sind ein Anzeichen dafür, daß immer mehr Menschen dem Bedürfnis nachgehen, aus ihrer Wohnung oder ihrem Haus einen Ort der Kraft zu machen, daß sie sich einen *Lebensraum* schaffen wollen, daß sie ein Gespür auch für feinstoffliche, energetische Zusammenhänge entwickeln und daß sie bereit sind, ihrem physischen und seelischen Wohlbefinden mehr Aufmerksamkeit zu schenken. Viele schaffen sich ein harmonisches, lebendiges Zuhause, da sie erkennen, daß hier die Wurzeln für persönlichen Erfolg im Leben, für Gesundheit, Reichtum, Zufriedenheit und Glück liegen.

Feng Shui ist die seit Jahrtausenden praktizierte Kunst, sich in Harmonie zur Umgebung zu setzen und durch Beachtung bestimmter Gesetzmäßigkeiten in der Plazierung und Ausrichtung von Gebäuden, Räumen und Gegenständen sowie durch den überlegten Einsatz von Formen, symbolischen Objekten, Farben und Zahlen Glück und Erfolg zu sich einzuladen. Im Mittelpunkt steht die Beobachtung und Lenkung der Lebenskraft Qi und die Bündelung glückbringender Einflüsse. Ziel ist die Beeinflussung des Schicksals zum Positiven, das heißt das bewußte Ausschöpfen des individuellen Potentials an Glück und Erfüllung.

Die Lehre des Feng Shui wird seit etwa viertausend Jahren angewendet und ist in ihren Ursprüngen auf das I Ging zurückzuführen. Die Grundsätze des Feng Shui entsprechen der traditionellen chinesischen Lebenspraxis und Philosophie. Die klassische Schule des Feng Shui wird heutzutage beispielsweise von Yap Cheng Hai und seiner Schülerin Lillian Too vertreten. Auf dieser Grundlage haben sich in letzter Zeit verschiedene Richtungen herausgebildet. Ein vor allem im Westen populärer Zweig ist das intuitive Feng Shui, das durch Lin Yun und Sarah Rossbach entwickelt wurde.

Feng Shui ist eine äußerst facettenreiche Wissenschaft, die jedoch in großen Teilen auf sehr einfachen, pragmatischen Spielregeln einer Harmonisierung von Mensch, Natur und Kosmos beruht. Feng Shui ist keine Zauberei oder Aberglaube, sondern beruht auf detaillierten Berechnungen. In manchem erscheinen die Empfehlungen des Feng Shui westlichen Menschen befremdlich und logisch nicht nachvollziehbar, dennoch wirken die Prinzipien auch im Westen – sogar ohne daß der Betroffene daran glaubt.

Salzkristall-Lampen gehören nicht zu den klassischen Gestaltungselementen des Feng Shui. Trotzdem können sie hervorragend nach den Prinzipien des Feng Shui eingesetzt werden, um das Wohlergehen und die Gesundheit zu stärken und für sich selbst und die Mitbewohner ein positives Umfeld zu schaffen. Gerade im Rahmen des intuitiven Feng Shui werden traditionelle chinesische Symbole gern auch durch westliche Gestaltungselemente ersetzt, die die gleiche Energie transportieren. Das Steinsalz ist für uns Mitteleuropäer ein naheliegendes und vertrautes Werkzeug der Harmonisierung von Energien. Das Steinsalz paßt also gut in unsere westliche Welt.
Eine Salzkristall-Lampe können Sie zur »Raum-Akupunktur« einsetzen. Aufgrund ihres Materials und des von ihnen ausgesandten Lichts sind die Leuchten generell dazu geeignet, tote Winkel zu beleben, Ecken zu entschärfen und bestimmte Zonen wie den Partnerschaftsbereich zu energetisieren.
Betrachtet man das Material (Steinsalz) und die Farbe (rötlich-braunes Orange) einer Salzkristall-Lampe, wird man sie auch nach der chinesischen Lehre dem Element Erde zuordnen. Aufgrund ihres rötlichen, warmen Lichtscheins hat die Lampe im Feng Shui jedoch auch einen deutlichen Bezug zum Element Feuer. (Eine farblose, weiße Salzlampe würde man im Feng Shui dem Element Metall zuordnen, was andere Konsequenzen für die Plazierung mit sich bringt. Da die Mehrzahl der Lampen jedoch in Orangetönen leuchtet, wird hier nur diese gängige Variante behandelt.)
Eine Salzkristall-Lampe symbolisiert also die Energie von Feuer in Erde.

## Die Elemente – Möglichkeiten der Zuordnung

Ein Einstieg, um eine Salzkristall-Lampe nach Feng-Shui-Prinzipien auszuwählen und zu plazieren, besteht in der Zuordnung zu den Elementen (Wandlungsphasen). Nach chinesischer Lehre gibt es die fünf Elemente Wasser, Holz, Feuer, Erde und Metall, denen jeweils bestimmte Himmelsrichtungen, Jahreszeiten, Themen usw. zugeschrieben werden:

- Holz – Osten und Südosten; Frühling; Ideen, Kreativität, neue Impulse
- Feuer – Süden; Sommer; Selbstvertrauen, Selbstverwirklichung
- Metall – Westen und Nordwesten; Spätherbst und Frühwinter; Verdichtung, Umsetzung
- Wasser – Norden; Winter; Abschluß des Alten und Vorbereitung des Neuen
- Erde – Nordosten und Südwesten; Spätsommer und Frühherbst sowie die Übergänge zwischen den Jahreszeiten; Materialisation, Reife, Ernte

Die fünf Elemente stehen in einer Wechselbeziehung zueinander.

1. Sie gehen auseinander hervor (Erzeugungszyklus),
2. vernichten einander (Zerstörungs- oder Kontrollzyklus),
3. reduzieren einander (Reduktionszyklus) und
4. vermitteln untereinander (vermittelnder Zyklus).

Genauer:

1. Wasser vermehrt Holz, Holz nährt Feuer, Feuer schafft Erde, Erde birgt Metall, Metall sammelt Wasser.
2. Wasser löscht Feuer, Feuer schmilzt Metall, Metall fällt Holz, Holz höhlt Erde aus, Erde saugt Wasser auf.
3. Wasser vermindert Metall, Metall vermindert Erde, Erde vermindert Feuer, Feuer vermindert Holz, Holz vermindert Wasser.
4. Wasser vermittelt zwischen Metall und Holz, Holz vermittelt zwischen Wasser und Feuer, Feuer vermittelt zwischen Holz und Erde, Erde vermittelt zwischen Feuer und Metall, Metall vermittelt zwischen Erde und Wasser.

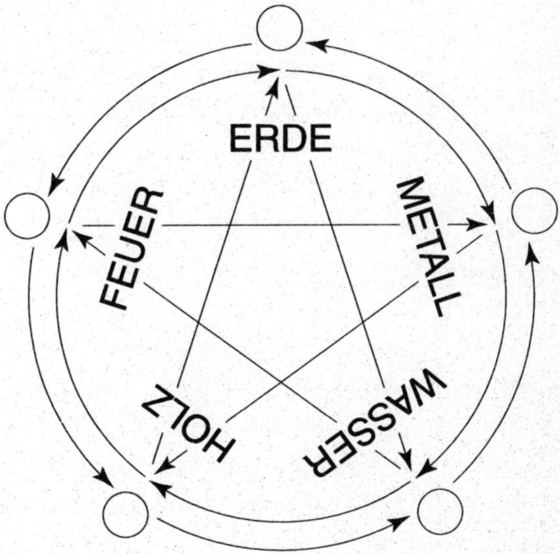


*Die Wandlungsphasen und Wechselwirkungen der Elemente*

Die einfachste Möglichkeit, nach Feng-Shui-Kriterien mit der Symbolik der Salzkristall-Lampen zu arbeiten, besteht in einer Berücksichtigung der äußeren Form beim Kauf der Lampe. Im Feng Shui werden fünf Grundformen unterschieden, die jeweils mit einem Element verbunden ist:

- spitze Flammenform – Feuer
- runde, kugelige Form – Metall
- schlanke, hohe Säulenform – Holz
- breite, flache, rechteckige Form – Erde
- unregelmäßige, asymmetrische Form – Wasser

Bei der Anwendung von Feng-Shui-Prinzipien spielt auch das bewußte Einbeziehen von Intentionen eine Rolle. Sie sind aufgefordert, gezielt Wirkungen zu setzen – im vorherigen Kapitel ist dieser Gesichtspunkt bei der Plazierung einer Salzkristall-Lampe in den verschiedenen Wohn- und Arbeitsräumen bereits angeklungen. Eine Zielsetzung könnte sein, ein bestimmtes Element zu stärken. Salzlampen eignen sich dazu, vor allem die Elemente Erde und Feuer sowie Metall zu unterstützen oder zu betonen:

- Kompakte, orangefarbene Lampen polnischer Herkunft sowie breite, flache, rechteckige Teelichter aus Salzkristall sind ideale Instrumente, um im *südwestlichen* und *nordöstlichen* Bereich das Erdelement zu stärken.
- Die rötlich oder dunkelrosa schimmernden Salzlampen asiatischer Herkunft, die spitz zulaufen und an eine Flamme erinnern, stärken das Element Feuer im Süden.

- Kugelige und auch weißliche Lampen oder kugelige und auch weißliche Teelichter aus Salzkristall stärken im *nordwestlichen* und *westlichen* Sektor das Element Metall.

## Die optimale Plazierung Ihrer Salzkristall-Lampe

Im Feng Shui wird jeder Raum – sei es ein ganzes Haus, eine Hausetage, eine Wohnung oder ein Zimmer – nach festen Regeln in Bereiche eingeteilt, die bestimmten Themen, Energien oder Qualitäten zugeordnet sind. Dieses Raster symbolischer Bedeutungen und Kräfte wird Bagua genannt. Ein Bagua besteht aus neun Teilen (siehe folgende Seite).
Dieses Raster symbolischer Bedeutungen können Sie auf Ihre Wohnung oder auch nur auf ein bestimmtes Zimmer übertragen. Nach der klassischen Schule des Feng Shui würden Sie mit Hilfe eines Kompasses oder eines Lageplans, in dem Norden eingezeichnet ist, die genaue Ausrichtung der Räume nach den Himmelsrichtungen bestimmen. Liegt Ihr Wohnzimmer zum Beispiel im Südwesten, fällt es in den Bereich »Partnerschaft/Beziehungen«.
Die intuitive Schule des Feng Shui verzichtet hingegen auf eine individuelle Bestimmung der tatsächlichen Himmelsrichtungen. Statt dessen gilt hier das feste Schema einer Zuordnung des Eingangsbereichs zum Norden. Das heißt für Sie, daß Sie das Bagua auf den Grundriß Ihrer Wohnung in der Weise legen, daß die Eingangstür zu Ihrer Wohnung in einen der nördlichen Bereiche »Kontemplation/Weisheit«,

| | | | | |
|---|---|---|---|---|
| Südosten | | Süden | | Südwesten |
| | **Glück, Reichtum**<br><br>Element: Holz | **Erleuchtung, Anerkennung**<br><br>Element: Feuer | **Partnerschaft, Beziehungen**<br><br>Element: Erde | |
| Osten | **Familie, neue Impulse**<br><br>Element: Holz | **Tai Chi**<br><br>Element: Erde | **Kinder, Kreativität**<br><br>Element: Metall | Westen |
| | **Kontemplation, Weisheit**<br><br>Element: Erde | **Lebensweg**<br><br>Element: Wasser | **Unterstützung**<br><br>Element: Metall | |
| Nordosten | | Norden | | Nordwesten |

*Bagua, mit dem Sie die Plazierung einer Salzlampe überprüfen können. Das Bagua kann sowohl auf ein einzelnes Zimmer als auch auf die Wohnung angewendet werden. Im klassischen Feng Shui geht man von den Himmelsrichtungen aus: Die untere Kante des Bagua mit den Himmelsrichtungen Nordosten, Norden und Nordwesten muß auf einem Grundriß dort angelegt werden, wo sich die nördliche Begrenzung des Zimmers oder der Wohnung befindet. Im intuitiven Feng Shui legt man die untere Kante des Bagua auf die Grundrißwand, wo sich die Eingangstür befindet (des Zimmers, wenn nur das untersucht werden soll, oder der Wohnung, wenn der Wohnbereich insgesamt analysiert wird). Nach dem intuitiven Feng Shui liegt die Eingangstür, je nachdem, ob sie mehr rechts oder links angeordnet ist, im Sektor »Kontemplation, Weisheit«, »Lebensweg« oder »Unterstützung« (daher auch der Name 3-Türen-Bagua). Wenn nach der klassischen Methode vorgegangen wird, kann sich die Eingangstür in jedem der Sektoren (außer der Mitte) befinden, da die tatsächliche Himmelsrichtung zugrunde gelegt wird.*

»Lebensweg« oder »Unterstützung« fällt. Alle weiteren Zuordnungen ergeben sich nach diesem vereinfachten System aus der Tatsache, daß der Eingang immer im Norden (Nordosten, Nordwesten) liegt.
Bei der Plazierung Ihrer Salzlampe sollten Sie sich für ein System entscheiden – für die klassische Methode der Feststellung der Himmelsrichtungen oder für das sogenannte 3-Türen-Bagua der intuitiven Schule, bei dem Sie ohne Kompaß auskommen. Nach der einmal gewählten Methode können Sie dann auch jedes einzelne Zimmer oder das ganze Wohnhaus oder Grundstück analysieren.
Sobald Sie eine Salzkristall-Lampe aufstellen, wird einer der Bagua-Bereiche aktiviert. Sie lösen also mit der Plazierung der Lampe automatisch eine Wirkung aus. Nach den Prinzipien des Feng Shui sollten Sie dieses Spiel der Energien allerdings nicht dem Zufall überlassen, da es schließlich gilt, Ihr Glück bestmöglich zu mehren. Anzustreben ist also, ganz bewußt eine der im Bagua vertretenen Wirkungen zu betonen. Generell kommt dazu jeder Bereich in Frage, bei dem Sie das Gefühl haben, daß es hier an der Umsetzungskraft Ihrer Ideen, Wünsche und Vorhaben mangelt. Doch manche Zonen werden von einer Salzlampe ganz besonders aktiviert. Es handelt sich dabei in erster Linie um die Bereiche der Elemente Erde und Feuer.

## Plazierung im Element Erde

- **Südwesten** = Bereich *Partnerschaft, Beziehungen*: Starke Kraft entfaltet die Salzlampe bei der Heilung von Gefühlen der Isolation und Ablehnung. Falls sich der Mangel an Wärme und Geborgenheit in Form von Ehe- und Beziehungsproblemen oder Einsamkeit ausdrückt, können Sie mit der Plazierung Ihrer Salzlampe in diesem Bereich darauf einwirken, daß ein alter Kummer endlich erlöst wird. Oft steht hinter den Beziehungsproblemen ein tieferer innerer Konflikt. So könnte es sein, daß die eigentliche Ursache für eine Beziehungslosigkeit oder Beziehungsstörung darin besteht, daß man die Erde weder als einen sicheren Ort noch als Heimat erlebt. Die Salzlampe vermittelt bei dieser Plazierung eine bessere Verbindung zum Element Erde und stärkt das Gefühl, angenommen und geborgen zu sein. Eine Lampe an dieser Stelle fördert damit das Gedeihen von guten, vertrauensvollen Beziehungen aller Art, die einem tiefen inneren Grundgefühl von Schutz und Aufgehobensein entspringen.

- **Nordosten** = Bereich *Kontemplation, Weisheit:* Eine Salzlampe in diesem Bereich unterstützt Sie dabei, ruhiger zu werden, sich zu erden und zu verwurzeln. Diese Plazierung hilft, zu einer inneren Stille zu gelangen, zu sich zu kommen und sich dadurch zu stabilisieren. Die Salzlampe spendet hier ein wunderbares Licht für die Meditation.
- **Tai Chi** = *Mitte*: Wenn Sie Ihre Salzlampe im Zentrum (im »Hara«) der Wohnung plazieren, stärken Sie Ihren eigenen Kern und den Kern Ihrer Familie. Sie unterstützen damit den Zusammenhalt aller Familienmitglieder und wecken das Gefühl für Zugehörigkeit. Bei Familienstreitigkeiten oder Entfremdung

können Sie diesen Bereich mit Hilfe der Salzlampe aktivieren und so helfen, eine Lösung der Probleme herbeizuführen. Allgemein hilft eine hier aufgestellte Salzlampe, in die eigene Mitte zu kommen.

## Plazierung im Element Feuer

- **Süden** = Bereich *Erleuchtung, Anerkennung*: Eine hier plazierte Salzlampe fördert in umfassender Weise die Selbsterkenntnis. Sie schenkt erleuchtende Einsichten und stärkt die Inspiration. Sie hilft, die Botschaften der Seele besser wahrzunehmen. Die Dinge fallen alle auf ihren Platz, und durch die Ordnung und Harmonie entsteht große innere Klarheit. Die Salzlampe bringt an diesem Platz Ordnung in Ihr Leben. Sie unterstützt kontemplative Einsicht und ermöglicht, das Licht auf der Erde und in sich selbst zu sehen.

Zu den Elementen Erde und Feuer hat eine Salzkristall-Lampe eine natürliche Affinität, und vieles, was über die Natur des Salzes sowie über die Heilkraft von Salz und Farblicht bereits gesagt wurde, kann durch die richtige Plazierung besonders zur Geltung gebracht werden. Dazu gehört vor allem das Ordnende und Verbindende des Salzes sowie seine spirituelle Bedeutung.
Daneben sind noch andere Plazierungen praktikabel, wobei allerdings bestimmte Bedingungen erfüllt werden müssen, da die einbezogenen Elemente nicht so gut miteinander verträglich sind.

## Plazierung im Element Metall

Da das Element Feuer Metall schmilzt, sollten bei einer Plazierung im Bereich Metall (Westen, Nordwesten) keine spitzen, rötlichen Salzlampen, die das Element Feuer symbolisieren, verwendet werden. Geeignet sind Lampen, deren Form und Farbe Metall symbolisieren, also Lampen mit runden, kugeligen Formen und weißlicher Tönung. Da Erde zwischen Feuer und Metall vermittelt, ist es bei dieser Plazierung auch empfehlenswert, eine Lampe einzusetzen, die einen mehr apricotfarbenen Ton sowie eine breite, rechteckige Form besitzt.

- **Westen** = Bereich *Kinder, Kreativität*: Mit einer »erdigen« Salzlampe kann es Ihnen bei dieser Plazierung gelingen, Projekte und Ideen umzusetzen und auf die Erde zu bringen. Das kann sich auch auf den Nachwuchs beziehen. Bei einem Kinderwunsch könnte es hilfreich sein, hier mit besonders flachen, schalenartigen Formen zu arbeiten. Ein orangefarbenes Teelicht in »Ziegelsteinformat« eignet sich in diesem Bereich, um Empfänglichkeit zu aktivieren und den Kinderwunsch Wirklichkeit werden zu lassen.
- **Nordwesten** = Bereich *Unterstützung*: Ob Schutzengel, Heinzelmännchen oder andere gute Geister – mit dem kommunikativen Salz können Sie bei einer Plazierung in diesem Bereich Unterstützung von oben herbeirufen. Alle, die das Gefühl haben, nie etwas geschenkt zu bekommen und immer alles allein machen zu müssen, können hier mit einer »erdigen« Salzlam-

pe Abhilfe schaffen. Ein breites, flaches, orangefarbenes Teelicht – eventuell zusammen mit einem Engelbild – aktiviert im Nordwesten wunderbare, fleißige Helfer.

## Plazierung im Element Holz

Obwohl das Element Erde in einem gewissen Konflikt zu Holz steht, kann die Plazierung einer Salzlampe im Bereich Holz dennoch gute Wirkungen hervorbringen. Voraussetzung ist, daß Sie an dieser Stelle eine Lampe verwenden, die in ihrer Form dem Element Feuer entspricht, das ja zwischen Holz und Erde vermittelt. Wählen Sie für diese Plazierung eine dunkelrote, spitze Lampe, die auf einem Holzsockel sitzt. Eine andere Möglichkeit wäre, hier eine Lampe zu plazieren, die das Element Holz symbolisiert, die also eine schlanke, hohe Säulenform mit einem flachen oberen Abschluß besitzt. Die Mühe bei der Wahl der richtigen Lampenform lohnt sich, denn schließlich ist der Südosten Ihr Reichtumsbereich.

- Südosten = Bereich *Glück, Reichtum*: Mit einer Salzkristall-Lampe können Sie an dieser Stelle die Voraussetzungen verbessern, daß Ihnen das Glück in den Schoß fällt, statt daß Sie sich alles immer hart erarbeiten müssen. Sie aktivieren die Bereitschaft, sich auch mal etwas schenken zu lassen. Geld und materielle, »erdige« Güter fließen Ihnen leichter zu.
  Zudem kann sich durch diese Plazierung die Erkennt-

nis (Feuer) in Ihnen durchsetzen, daß Sie bereits mit bestimmten inneren oder äußeren Reichtümern gesegnet sind und über materielle oder geistige Ressourcen verfügen – und daß Sie dieses Potential an Glück und Reichtum nur noch nicht erschlossen haben.

- **Osten** = Bereich *Familie, neue Impulse*: Mit der geeigneten Lampenform und -farbe können Sie mit einer Plazierung in diesem Bereich die Heilung von Konflikten und Brüchen in bezug auf die Familienbande fördern. Bei Streitigkeiten mit den Verwandten oder Erbauseinandersetzungen wird durch die Aktivierung dieses Bereiches geholfen, sich mit seinen Ahnen, seiner Familie und deren Erbe auszusöhnen oder auch ein schwieriges Erbe anzunehmen. So kann ein Familienkapitel endlich abgeschlossen werden und sich daraus eine bessere Zukunft ergeben.

## Plazierung im Element Wasser

Für die wasserlösliche Steinsalzlampe ist nicht nur ganz reale Feuchtigkeit eine Bedrohung. Auch auf der symbolischen Ebene der Elemente ist eine Salzlampe in Wasser nicht gut plaziert – es sei denn, Sie haben eine Lampe mit schönem Holzsockel. Holz schafft hier einen Ausgleich, da es zwischen Wasser und Feuer vermittelt. Auch runde Lampen mit einer Betonung von Weiß, die durch Form und Farbe das Element Metall symbolisieren, lassen sich mit Gewinn im Wasserelement plazieren. Diese für manche vielleicht zu gewagte Kombination der Elemente läßt sich auch dadurch rechtfertigen, daß in diesem Bereich ein Grundthema des Salzes angesprochen ist: das Wegschmelzen von Blockaden, um wieder in Fluß zu kommen.

- **Norden** = Bereich *Lebensweg*: Eine passende Salzlampe in diesem Bereich kann helfen, die eigene Bestimmung und Aufgabe zu finden oder sie klarer zu erkennen und seiner wahren Berufung nachzugehen. Innere und äußere Hindernisse, die bislang den Weg verbaut haben, können nun gut in Angriff genommen werden.

Feng Shui folgt zwar relativ einfachen Prinzipien, es ist aber eine äußerst vielschichtige Methode, äußere Einflüsse einzubeziehen. Aus diesem Grund ist es ratsam, sich bei größeren Vorhaben von einem erfahrenen Feng-Shui-Experten beraten zu lassen. Auch falls Sie gezielt Ihr persönliches dominierendes Element durch die Plazierung einer Salzlampe stärken wollen, ist eine detaillierte Berechnung nach dem chinesischen Horoskop notwendig.
Die hier gegebenen Empfehlungen zur Plazierung, die auf Hinweisen von Claudia Ritzi beruhen, können nur eine begrenzte Zahl von Einflüssen berücksichtigen. Wer tiefer in das Thema einsteigen will, dem sei darüber hinaus die Lektüre der inzwischen sehr zahlreichen Feng-Shui-Ratgeber empfohlen.

# Einfache Helfer für ein gutes Raumklima

In Zusammenhang mit den Salzkristall-Lampen fällt meist sofort das Stichwort »Raumklima«, da das erwärmte Steinsalz ionisierend wirkt. Wie schon erwähnt, ist das Salz außerdem ein Stoff mit starker energetischer Reinigungskraft und symbolischer Bedeutung. In einer Welt, in der die wenigsten Menschen ihren Tag in Einklang mit der Natur und ihren eigenen persönlichen Rhythmen gestalten können oder die wenigsten in einer sauberen, harmonischen Umwelt leben, wächst das Bedürfnis, den daraus folgenden Belastungen für die Gesundheit und seelische Ausgeglichenheit entgegenzusteuern. Da die Mehrheit den Hauptteil des Tages in geschlossenen Räumen verbringen muß, ist die Schaffung eines guten Raumklimas für viele Menschen ein wichtiger Schritt, aktiv etwas für das eigene Wohlbefinden zu tun und allen möglichen Formen von Smog, Umweltgiften und Verschmutzung den Kampf anzusagen.

Zum Thema Raumklima muß man wissen, daß sich in der Luft, die wir atmen, auf natürliche Weise elektrisch geladene Partikel befinden. Man unterscheidet sogenannte Kleinionen von Mittel- und Großionen, die jeweils positiv oder negativ geladen sind.

Gute Raumluft zeichnet sich durch ein ausgewogenes Verhältnis der positiv geladenen Ionen und der negativ geladenen Ionen von etwa 50 : 50 Prozent sowie durch einen geringen Anteil von Großionen aus. Die Mittel- und Großionen entstehen, wenn Staub und Mikroorganismen durch elektrische Anziehung an Kleinionen gebunden werden. Der Anteil von Mittel- und Großionen in der Luft wird als Maßstab für den Grad der Luftverschmutzung herangezogen. Hausstaub, ein brisantes Gemisch aus Schimmelsporen, Keimen, Milbenkot, Formaldehyd, Fasern, Kunststoffpartikeln usw., segelt quasi huckepack auf dem Rücken von Ionen durch die Luft und setzt sich nicht am Boden ab. Er wird über die Atmung in den Körper aufgenommen und kann zu gravierenden Gesundheitsstörungen führen. Großionen kommen in der freien, unbelasteten Natur nicht vor. Sie sind in Gebieten mit hoher Industrialisierung zu finden. In der Wohnung entstehen sie aufgrund der übermäßigen elektrostatischen Aufladung beispielsweise durch Synthetikteppiche, Synthetikvorhänge, kunststoffbeschichtete Möbel, elektronische Geräte wie Fernseher, Computer usw. und durch übermäßige Staubentwicklung beispielsweise durch das Rauchen.

Statische Aufladungen, Hausstaub und Elektrosmog stören die gesunde Luftionisation in Innenräumen. Die Zahl der Kleinionen nimmt durch sie ab. Zudem wird das Gleichgewicht zwischen positiv und negativ geladenen Ionen gestört: Die positiv geladenen Ionen nehmen im Zuge der Verschmutzung überhand. In der Überzahl sind sie jedoch der Gesundheit abträglich. Die förderlichen negativ geladenen Ionen geraten dagegen ins Hintertreffen. Sie werden zu positiv geladenen Ionen umgepolt.

Auch ohne exakte Messungen etwa durch einen Baubiolo-

gen (siehe Tabelle im Anhang) wird jeder ein aus der Balance geratenes Mikroklima am eigenen Leib erkennen, denn es entsteht eine ungute, bedrückende und spannungsgeladene Atmosphäre wie kurz vor einem Gewitter oder während eines Föhnsturmes. Die Luft wirkt abgestanden. Sinkt die Anzahl der Kleinionen bei Rückgang der negativ geladenen Ionen, kommt es beim Menschen zu Leistungsabfall, Kopfschmerzen, Nervosität und Konzentrationsstörungen, da auch der Sauerstoffgehalt des Blutes sinkt. Eine hohe statische Aufladung bewirkt unter anderem eine Veränderung des Serotoninspiegels im Blut, was der Auslöser von Unwohlsein ist, das sich in verschiedensten Symptomen zeigen kann. Ein schlechtes Raumklima macht allgemein anfällig für Gesundheitsstörungen und seelische Mißstimmung. Es löst vor allem Atemwegserkrankungen (verstärkt bei Kleinkindern), Asthma und Allergien aus oder verschlimmert diese Erkrankungen – kein Wunder bei all dem herumwirbelnden Schmutz, der mit dem Atemstrom in die Lunge eingesogen wird, und den günstigen Bedingungen für die Vermehrung von krankmachenden Mikroorganismen im Hausstaub.
Je mehr das Raumklima der sauberen, gesunden Atmosphäre in der Natur gleicht, desto frischer und tatkräftiger fühlt sich der Mensch. Eine hohe Zahl an Kleinionen in ausgewogenem Verhältnis und das Fehlen von Großionen wirkt sich günstig auf Hormonsystem, Stoffwechsel, Blutdruck, Immunsystem und Stimmungslage aus. Nach dem Baubiologen Wolfgang Maes konnte in einer Reihe von wissenschaftlichen Studien unter anderem gezeigt werden, daß Luftionen das Gedeihen von Pflanzen fördern und im Tierversuch das Krebswachstum hemmen.

Die einfachste Methode, für gute Luft im Haus zu sorgen, ist das regelmäßige und häufige Lüften. Nach baubiologischen Erkenntnissen ist die Außenluft selbst in der dichtbesiedelten Stadt in der Regel sauberer und reicher an Kleinionen als in schlecht gelüfteten, mit vielen Kunststoffen, schadstoffbelasteten Baumaterialien und Elektrogeräten ausgestatteten modernen Behausungen. Die Luft in den meisten »abgedichteten«, wärmegedämmten Wohnungen ist nach einer umfassenden wissenschaftlichen Datenerhebung des Bundesgesundheitsamtes in Berlin oftmals bis zu fünfzigmal giftiger als an vielbefahrenen Straßenkreuzungen in Großstädten!

Wer allerdings unter dem »Sick-Building-Syndrom« leidet, dem wird nichts anderes übrig bleiben, als darüber hinaus ans Umbauen zu gehen: Entrümpelung der Wohn-, Schlaf- und Arbeitsräume von Staubfängern und überflüssigen synthetischen Materialien (Bodenbeläge, Gardinen, Möbel), die die Luftelektrizität auf ungesunde Weise erhöhen, oder gar gründliches Renovieren nach baubiologischen Vorgaben. Denn neben der mangelhaften Ionisierung können auch Schadstoffe, die von Baumaterialien und Wandfarben ausgehen, eine zu hohe oder zu niedrige Luftfeuchtigkeit sowie Strahlung (zum Beispiel durch natürliches Radon) krank machen und das Raumklima vergiften.

Doch ganz abgesehen von speziellen umweltmedizinischen Erwägungen gibt es – neben den einfachen Empfehlungen, das regelmäßige Lüften nicht zu vergessen und damit genügend Sauerstoff und (ionisierende) Sonne hereinzulassen, nicht zu rauchen, den Fernseher aus dem Schlafzimmer zu verbannen oder auf Kunststoffe in Kleidung und Möblierung möglichst zu verzichten – ganz unkomplizierte, natürliche Helfer, um im ganzheitlichen Sinne ein gutes Raumklima zu schaffen. Auch auf energetischer Ebene sorgen sie für Harmonie und ein angenehmes Klima mit genügend Luft zum freien Durchatmen. Die natürlichen Helfer können nach der westlichen Elementelehre den Kräften von Wasser, Erde, Luft und Feuer zugeordnet werden und diese Kräfte sowohl ganz materiell repräsentieren und einbringen als auch symbolisch in Ihr Heim einladen, um es auf energetischem Weg zu harmonisieren. Diese Helfer sind vor allem:

- Zimmerbrunnen oder feiner Wassernebel aus der Sprühflasche: Element Wasser
- Zimmerpflanzen und Kristalle, speziell Salzkristall-Lampen: Element Erde
- Düfte und Räucherwerk: Element Luft
- Kerzen und Kaminfeuer: Element Feuer

Nach der Elementelehre sollten Sie stets für einen guten Ausgleich der Kräfte sorgen. Wenn im kleinen Harmonie herrscht, wird sich dies auch auf die größeren Lebenszusammenhänge auswirken, und umgekehrt. Für die Verbesserung der Raumluft in einem ganzheitlichen Sinne ist es also empfehlenswert, neben einer guten Luftbefeuchtung und Ionisierung auch für energetische Reinigung oder energetische Aufladung zu sorgen. Jede dieser Methoden hat ihren Platz und schafft auf ihre Weise Ordnung, so daß die Lebensenergie frei fließen kann.

# Element Wasser

**Zimmerbrunnen** dienen mit ihrem feinen Wasserdunst der Luftbefeuchtung und Ionisierung sowie der Klärung und Energetisierung von Innenräumen. Der ideale Wert von 40 bis 60 Prozent relativer Luftfeuchtigkeit reduziert Staub und Elektrostatik und schafft ein gutes Raumklima.

Nach den Lehren des Feng Shui sollten Sie einen Zimmerbrunnen nicht im Schlafraum plazieren. Als Symbol für Geld, Wohlstand und Energiefluß hat ein Wasserspiel seinen optimalen Platz in der »Reichtumsecke« (siehe Seite 63 f.) – natürlich sofern diese bei Ihrer Wohnungsaufteilung nicht gerade im Schlafraum liegt.

Es gibt viele Möglichkeiten, einen Zimmerbrunnen so zu gestalten, daß er nicht nur als einfacher Luftbefeuchter dient, sondern auch möglichst viel gutes Qi (Lebensenergie) erzeugt. Zum Beispiel gibt es Versuche, durch speziell geformte Gefäße, rhythmische Schwingungen zu erzeugen, so daß links- und rechtsdrehende Wasserwirbel eine liegende Acht (Lemniskate) bilden. Auf diese Weise soll erreicht werden, daß das Wasser vermehrt mit Sauerstoff angereichert wird und seinen frischen und belebenden Charakter behält (siehe Christopher Day: »Bauen für die Seele«).

Eine andere Möglichkeit besteht darin, einen »Salzbrunnen« zu kreieren. Zu diesem Zweck kann das Wasser mit gemahlenem Krakauer Steinsalz (Speisesalz) angereichert werden. Dieser Zimmerbrunnen hat durch die Salzlösung einen reinigenden und energetisierenden Effekt.

Zimmerbrunnen können auch mit Kristallen bestückt werden, um die Raumluft zu erfrischen. Dann sollten Sie allerdings auf die Beigabe von Salz verzichten, da die meisten Kristalle durch das Salz stumpf werden. Es gibt die Empfehlung (ohne daß wissenschaftliche Meßergebnisse vorliegen), speziell Zeolithe (= Bezeichnung für eine Gruppe von Silikaten, zu denen unter anderem Chabasit, Heulandit, Natrolith, Stilbit oder Thomsonit gehören) in Zimmerbrunnen zu legen, da von ihnen ein stark ionisierender und reinigender Effekt ausgehe.

Auch Pflanzen sind für sich genommen oder zusammen mit Kristallen ein guter Schmuck für die Brunnenschale. Alles Lebendige vermehrt die Energie in den eigenen vier Wänden und erzeugt ein gutes Qi.

Eine sehr einfache Form der Luftbefeuchtung, Reinigung und Energetisierung des Raumes ist der Einsatz einer Sprühflasche. Lösen Sie ein wenig gemahlenes natürliches Stein- oder Meersalz in dem Wasser auf, und versprühen sie den feinen Salzdunst im Zimmer. Vergessen Sie nicht, den Salznebel auch in die Zimmerecken zu lenken, um dort stagnierende Energie wieder in Fluß zu bringen (und geben Sie andererseits auf Ihre Möbel acht, die eventuell nicht so robust sind, daß sie Salzwasserflecken vertragen). Wenn Sie mögen, können Sie anschließend ein wenig Rosenwasser (Apotheke, Naturkostladen) in die Sprühflasche geben und den Raum auf diese Weise nach der Reinigung mit Salz mit erfrischender Herzenergie aufladen.

# Element Erde

**Zimmerpflanzen** geben Sauerstoff ab und sind zum Teil in der Lage, Schadstoffe, die das Raumklima vergiften, zu filtern oder abzubauen.
Darüber hinaus senden sie feinstoffliche Energien aus, die für den Menschen förderlich sind. Selbst die Wissenschaft beginnt, verborgene Botschaften und Heilkräfte der Pflanzen und ihr Gefühlsleben, das heißt ihre Formen der Kommunikation, zu erforschen. Doch es sind in erster Linie die »Kräuterhexen«, Naturheilkundler, Blütentherapeuten und Pflanzenfreunde, die mit den höheren Schwingungen und feinstofflichen Kräften der Pflanzen arbeiten, indem sie deren Bedeutungen entschlüsseln und für die Gesundheit nutzbar machen.
Jedes lebendige Grün im und um das Haus hilft, die Luft zu reinigen und den Energiepegel eines Ortes zu erhöhen. Manche Gewächse verströmen besonders viel Qi. Die Heilpraktikerin Eva Katharina Hoffmann stellt in ihrem Buch verschiedene »Energiepflanzen« vor. Falls Sie mit der Verbesserung des Raumklimas zu Hause oder am Arbeitsplatz experimentieren, sollten Sie unter anderem folgende Pflanzen einbeziehen:
Gute Luftbefeuchtung: Bergpalme, Birkenfeige, Schwertfarn
Nächtliche Sauerstoffabgabe: Aloe
Reinigung/Abbau von Schadstoffen: Drachenbaum, Efeu, Grünlilie, Zimmerwein
Gute Energetisierung: Bambus, Geldbaum (ideal in der »Reichtumsecke« des Feng Shui)

**Kristalle** und **Salzkristall-Lampen** sind ein wichtiger Helfer, um Harmonie und Klarheit in Räume zu bringen. Jeder Kristall verfügt über besondere Heileigenschaften, die sich über sein Farblicht und seine Kristallstruktur vermitteln. Klarer Bergkristall wirkt zum Beispiel als ein starker Lichtbringer, der auch zur Abwehr negativer Einflüsse verwendet werden kann. Steinsalz ist vor allem ein Hilfsmittel, um Verschmutzungen in Form von einschränkenden Gedankenmustern zu reinigen.

Mit der gesundheitsfördernden Auswirkung von Salzkristall-Lampen auf das Raumklima beschäftigt sich in theoretischer und praktischer Weise Dipl.-Ing. Walter Burgmayer von der Firma Umweltambulanz Bayern (siehe Adressenteil). Seine wissenschaftlichen Messungen mit einem Gerät zur Bestimmung der Anzahl von Ionen (Ionometer) haben erbracht, daß Salzlampen in erwärmtem Zustand eine hohe, ausgeglichene Zahl von positiv und negativ geladenen Kleinionen in die Raumluft abgeben. In geschlossenen Räumen, in denen durch mangelnde Lüftungsmöglichkeiten und starke statische Aufladung durch Computer oder synthetische Materialien die Zahl der Kleinionen dramatisch absinkt, können Salzlampen diesem Verlust entgegensteuern. Je kleiner der Raum, desto schneller zeigen sich die luftverbessernden, ionisierenden Qualitäten der Lampe. In ihrer Broschüre zum Thema Salz zitiert Celia Rosenstock aus einem Untersuchungsbericht der Umweltambulanz Bayern. Demnach konnte eine 12 Stunden lang eingeschaltete Salzlampe in einem etwa 10 qm großen Raum die Luftionisation um das 15fache verbessern. Weitere Messungen zeigten, daß eine brennende Salzlampe in der Lage ist, die durch einen einge-

schalteten Fernsehapparat absinkende Ionendichte in der Luft wieder zu erhöhen.
Aufwendige Langzeituntersuchungen werden in der Zukunft sicher mehr Datenmaterial zur Wirkungsweise der Salzlampen erbringen. Darüber hinaus werden auch die Heilwirkungen des Steinsalzes sicher weiter erforscht und neue Anwendungsmöglichkeiten im Gesundheits- und Wellness-Bereich angeboten.

## Luft

Wenn es nach baubiologischen Messungen ginge, dürften Sie in Innenräumen keine Räucherstäbchen abbrennen lassen – sie entwickeln viel Staub und feinen Ruß und verderben damit die guten Luftwerte. Auch die einer brennenden **Duftlampe** entströmenden Wohlgerüche sind manchen nur technisch denkenden Luftverbesserern suspekt. Das Räuchern und Verdampfen von ätherischen Ölen ist jedoch wie das Ausstreuen oder Aufstellen von Salz ein altes Ritual der Reinigung und Energetisierung, das seine Wirkung nicht verfehlt. Wichtig ist bei der Verwendung von Räucherstäbchen, Räucherwerk oder ätherischen Ölen, daß Sie ausschließlich naturreine Produkte guter Qualität und keine synthetischen Stoffe verwenden. In der Aromatherapie stehen Ihnen verschiedene auf allen Ebenen reinigende und desinfizierende Duftessenzen zur Verfügung. Versuchen Sie es für die Duftlampe zum Beispiel einmal mit Thymian, Eukalyptus, Rosmarin, Lavendel, Tea Tree, Zitrone, Lemongrass, Weihrauch oder Salbei.

Manche Essenzen sind für bestimmte Räume besonders geeignet, zum Beispiel:

- Arbeitszimmer: Zitrone und Minze fördern die Konzentration und beleben.
- Wohnzimmer: Orange, Rosenholz, Bergamotte, Lavendel schaffen ein Klima der Behaglichkeit.
- Schlafzimmer: Rose, Lavendel, Sandelholz bringen Entspannung und Gefühle von Liebe und Freude.

Zum **Räuchern** können Sie ganz einfach Räucherstäbchen (sehr empfehlenswert sind kleine, dünne japanische Stäbchen bester Qualität) oder spezielle Räuchermischungen auf glühender Räucherkohle verwenden. Fächeln Sie den Rauch sorgfältig auch in alle Ecken, und lüften Sie den Raum im Anschluß an das Reinigungsritual. Das klassische Räucherungsmittel ist Weihrauch, der unter anderem desinfizierend, entzündungshemmend und antidepressiv wirkt. Aus der indianischen Tradition stammt das Räuchern mit Sweetgrass und Salbei, beides Pflanzen mit starker Kraft zur energetischen Reinigung einer vergifteten Atmosphäre und zur Inspiration. Aus Indien stammt die Tradition des Räucherns mit Sandelholz, das viele heilende Eigenschaften für Körper, Geist und Seele besitzt.

# Feuer

Offene Flammen ionisieren die Raumluft. Brennende **Kerzen** und auch ein **Kaminfeuer** können dazu dienen, einen Raum zu reinigen, zu energetisieren und Licht in ihn hineinzubringen. Schließlich symbolisiert das Feuer die lebenspendende Sonne. Auf der materiellen Ebene verunreinigt offenes Feuer natürlich auch die Luft durch die Emission von Staub, Ruß, Stickstoff- und Kohlenstoffoxiden. Dennoch ist das Reinigen mit Feuer ein uraltes Ritual der Läuterung und Klärung.

Wenn Sie auf energetischer Ebene mit Hilfe des Elements Feuer für eine gute Atmosphäre sorgen wollen, sollten Sie vorzugsweise echte Bienenwachskerzen verwenden. In ein Kaminfeuer können Sie wohlriechende Substanzen wie Räuchermischungen oder getrocknete Zapfen und Blütenblätter streuen. Das Reinigen mit Feuer ist ein meditativer, ritueller Vorgang. Praktische Anregungen zum Umgang mit dem reinigenden Feuer finden Sie beispielsweise in den Büchern von Fred Wollner, Susanne Fischer-Rizzi, Michael Howard und Denise Linn.

# Salz des Lebens

Bislang haben wir das Salz als etwas betrachtet, das von außen auf den Menschen einwirkt und ihn mehr oder weniger tief auf der Ebene von Körper, Geist und Seele berührt. Werfen wir noch einen Blick auf das Salz, das im menschlichen Körper wichtige Aufgaben erfüllt. Dieser Aspekt soll das Bild des heilenden, stärkenden Salzes abrunden und die besondere Resonanz zwischen Mensch und Salz noch besser verdeutlichen.

Unser Körper besteht zu etwa zwei Drittel aus Wasser. In den Körperflüssigkeiten – zum Beispiel Blut, Lymphe, Gewebeflüssigkeiten, Magensaft – sind insgesamt durchschnittlich 130 bis 170 Gramm Kochsalz gelöst. Die Natrium- und Chlor-Ionen des gelösten Kochsalzes sind zusammen mit anderen Mineralsalzen im Zwischenzellbereich für den Wasserhaushalt und den Transport von Nährstoffen in die Zellen sowie für die Weiterleitung von Impulsen an Nerven und Muskeln von Bedeutung. Durch die Salze kann das lebenswichtige Wasser im Körper gespeichert und auch wieder ausgeschieden werden. Der Wasseraustausch vollzieht sich durch Osmose, das heißt durch ein Gefälle in der Konzentration von Mineralstoffen. Das Wasser bewegt sich durch die Zellmembranen immer zu der Seite, wo Salze höher konzentriert sind. Mit Hilfe des Salzes, das die Gewebespannung beeinflußt, erhält und bewahrt der Körper auch seine Form.

In den Zellen selbst befinden sich vorwiegend Kalium- und Phosphat-Ionen, in der Zwischenzellflüssigkeit und im Blut Natrium- und Chlorid-Ionen. Eine Injektion von Kochsalzlösung kann deshalb als Erste-Hilfe-Maßnahme bei starkem Blutverlust dienen und den Lebenssaft kurzzeitig ersetzen. Um ein konstantes Spannungsgleichgewicht zwischen Salz und Wasser aufrechtzuerhalten, wird durch Gehirn und Niere die Aufnahme und Ausscheidung von Salz und Wasser über das Durstgefühl geregelt. Im Durchschnitt braucht der Mensch pro Tag etwa 2 bis 2,5 Liter Wasser und etwa 5 Gramm Kochsalz. Ein längerfristiger übermäßiger Konsum von Salz (etwa 20 Gramm pro Tag) belastet den Organismus. Das Überangebot von Natrium behindert vor allem die Nierenfunktion und stört die Regulation des Wasserhaushalts. Es erzeugt außerdem Ödeme. Zuviel Chlor führt zur Übersäuerung des Körpers.

Ein Mangel an Salz oder eine extrem salzarme Kost schwächen den Organismus. Das erleben wir heute allerdings höchstens einmal bei schweren Durchfallerkrankungen oder bei einem Kater nach einem Zechgelage, denn in beiden Fällen werden zuviel Mineralsalze ausgeschieden. Sonst nehmen wir heute in der Regel zuviel als zuwenig Salz auf. Es hat sich jedoch nicht bestätigt, daß ein hoher Kochsalzverbrauch eine Bluthochdruck-Erkrankung direkt auslöst. Eher wird vor salzarmen Diäten gewarnt, da sie einem Menschen die Vitalität rauben können.

Vegetarier brauchen eine salzhaltigere Nahrung, da Pflanzenkost im Gegensatz zu tierischer Nahrung wenig Salz enthält.

Salz regelt Grundfunktionen des menschlichen Organismus und ist sein fester Bestandteil. Gleichzeitig werden Salze ständig über Schweiß, Urin und Kot ausgeschieden und müssen ersetzt werden. Das Salz, mit dem wir unsere Nahrung würzen, besteht vorwiegend aus Kochsalz. Nichtraffiniertes Meer- oder Steinsalz enthält auch andere Mineralien, doch kann eine ausreichende Mineralienversorgung nicht durch die Aufnahme von Salz erfolgen. Dazu konsumieren wir wiederum zuwenig Salz. Trotzdem ist es empfehlenswert, natürliches Meersalz oder Steinsalz und keine toten, also raffinierten Produkte zu verwenden, da im »Vollkornsalz« neben den labortechnisch analysierten Stoffen noch andere Vitalstoffe enthalten sind.

Da in diesem Buch das Augenmerk auf dem Steinsalz liegt, sei an dieser Stelle auf das Krakauer Steinsalz als Speisesalz hingewiesen (Naturkostladen). Es stammt aus den Salzbergwerken von Wieliczka und zeichnet sich durch seinen natürlichen Jodanteil aus. Das Salz wird lediglich mechanisch zerkleinert und weder gebleicht noch mit Zusätzen versehen. Man kann diese Speisewürze auch als Heilmittel verwenden. Schon ein auf die Zunge gelegtes Salzkorn kann eine starke Medizin sein.

Neben der materiellen Einnahme von Salz als lebenswichtiges Nahrungs- und als Stärkungsmittel gibt es noch die Stimulation der Selbstheilungskraft durch die *energetische Information* des Salzes. In der Homöopathie, in der nicht mit materiellen Substanzen, sondern mit energetischen Impulsen behandelt wird, heißt eines der Hauptkonstitutionsmittel Natrium muriaticum – Kochsalz. Es wird unter anderem verordnet bei Depressionen (auch nach Schocks, Unfällen, unglücklicher Liebe), Melancholie, Einsamkeit, Traurigkeit, Groll und Untröstlichkeit, bei Migräne und hämmernden Schmerzen.

Eine »abgekürzte homöopathische Therapie« wurde von dem Arzt Wilhelm Schüßler (1821 - 1898) entwickelt. Das Besondere daran ist, daß sie ein Heilsystem aus zwölf lebenswichtigen Mineralsalzen in potenzierter Form darstellt. Die Schüßler-Salze sind jene anorganischen Mineralsalze, die beim Verbrennen des menschlichen Körpers im Gegensatz zu den organischen Bestandteilen übrig bleiben. Schüßler definierte Gesundheit als ein Gleichgewicht von Mineralsalzen. Der Verlust oder Mangel eines oder mehrerer Salze zieht demnach Krankheit nach sich.

Die Schüßler-Salze sind ein preiswertes, nebenwirkungsfreies Heilmittel in Tabletten-, Pulver- und Salbenform (Apotheke), das in Eigentherapie angewendet werden kann. In Indien sind die Schüßler-Salze Bestandteil der medizinischen Versorgung und sehr verbreitet. Als Funktionsmittel Nummer 8 findet man das Kochsalz (Natrium muriaticum). Es wird vor allem bei Schwächezuständen, Blutarmut, wäßrigem Durchfall und Kopfschmerzen empfohlen. Nähere Information über Schüßlers Salze des Lebens gibt das Buch von Gisela Geiger (siehe Literaturverzeichnis).

# Salzanwendungen für Gesundheit und Wohlbefinden

Salz ist Medizin. Salz ist ein magischer Stoff. Salz ist ein vielseitiger Helfer für Gesundheit und Wohlbefinden. Mit den folgenden Tips und Ratschlägen können Sie sich auf praktische Weise davon überzeugen.

## Energetische Reinigung

*Einzugsrituale*

- Bevor Sie eine Wohnung oder ein Haus beziehen, können Sie Ihr neues Domizil mit Hilfe des Salzes von den Energien der früheren Bewohner reinigen. Der Feng-Shui-Meister Jes Lim empfiehlt, dazu zwei bis drei Kilo reines Meersalz aus dem Bioladen zu benutzen. Zuerst werden die Geister der Wohnung oder des Hauses gebeten, den Ort zu verlassen. Eine halbe Stunde später beginnen Sie, das Salz entlang der Wände und in den »dunklen Ecken« auszustreuen. Das Salz bleibt über Nacht liegen und wird erst am nächsten Tag zusammengekehrt und dann weggeworfen.

- Geben Sie etwa einen Eßlöffel naturreines Salz in eine kleine Schale, und lösen Sie es in Wasser auf. Segnen Sie das Salzwasser, und besprengen Sie damit die noch leeren Räume, um sie zu weihen. Sagen Sie jeweils innerlich oder laut: »Ich weihe dieses Zimmer, so daß ich/wir darin gut ...«
- Treffen Sie sich mit dem oder den Menschen, mit denen Sie in die neue Wohnung ziehen werden, oder gehen Sie allein oder mit einem Vertrauten am Tag vor dem Einzug in die noch leere Wohnung. Nach der energetischen Reinigung der Räume mit Hilfe von Salz oder durch Räuchern lassen Sie sich in einem Zimmer zu einem Picknick nieder. Essen Sie gemeinsam eine ganz einfache Mahlzeit aus Salz und Brot, trinken Sie dazu einen Schluck Wein, Wasser oder Saft. Mit diesem schlichten Zeremoniell weihen Sie die Wohnung ein. Der Möbelwagen kann nun kommen.
- Schenken Sie Freunden oder Verwandten zum Einzug gutes, naturreines Salz und ein leckeres Vollkornbrot, das Sie in Gedanken mit guten Wünschen aufgeladen haben.

*Energetischer Hausputz*

Warten Sie auf die Phase des abnehmenden Mondes oder auf Neumond, um Ihre Wohnung oder ein bestimmtes Zimmer von alten Energien zu reinigen – etwa nach einer Scheidung, einer schweren Krankheit, einem Unglück, einem Streit oder einem Todesfall in diesen vier Wänden. Streuen Sie grobes oder feines, auf alle Fälle aber naturbelassenes

Salz auf die Türschwellen und auf die Fensterbretter. Geben Sie das Salz auch in die Zimmerecken und vermehrt an alle Stellen, wo Sie das Gefühl haben, daß negative, zähe Energie festhängt. Lassen Sie das Salz mindestens einen Tag dort liegen. Vielleicht muß das Salz auch mehrere Tage lang liegenbleiben. Hören Sie auf Ihre Intuition. Dann kehren Sie das Salz, das alles Dunkle und Schwere aufgenommen hat, schließlich zusammen oder saugen es auf und werfen es weg. Wiederholen Sie dieses Ritual mit frischem Salz, wenn es nach Ihrem Gefühl mit einem Mal nicht getan ist.

*Energetische Staubfänger*

Stellen Sie in Ecken mit stagnierender Energie oder in Winkeln von Wohnung, Keller oder Dachboden, die Ihnen unheimlich sind und düster erscheinen, kleine Schalen, die mit naturbelassenem Salz gefüllt sind. Tauschen Sie in Abständen das Salz aus. Das verbrauchte Salz muß weggeworfen werden. Vor allem in Kellerräumen hilft das Salz, das Erdelement zu reinigen, um Ihrem Zuhause eine stabile Basis zu geben.

*Reinigung von Kristallen und Schmuck*

Edelsteine, Mineralien und Schmuck speichern die Schwingung ihrer Umgebung und sollten in Abständen gereinigt werden. Bei Kristallen, die zu therapeutischen Zwecken benutzt werden, ist nach jedem Gebrauch eine gründliche Reinigung notwendig. Am einfachsten reinigen Sie Ihre Kristalle unter fließendem Wasser. Im Sonnenlicht können sie aufgeladen werden. Gründlicher ist eine Reinigung mit Salz. Da viele Kristalle von Salz angegriffen werden und ihren

Glanz verlieren, empfiehlt der Kristallexperte Michael Gienger, eine große Schale halb mit Salz zu füllen und eine kleinere Schale hineinzubetten, die auch mit mineralstoffarmem Wasser gefüllt sein kann. In diese leere (bei aufgezogenen Ketten) oder wassergefüllte kleine Schale wird der zu reinigende Kristall gelegt, so daß seine Spitze nicht über das Salzniveau der größeren äußeren Schale hinausragt. Dieses sanfte Einlegen in Salz sollte etwa vier bis sechs Stunden dauern. Falls Kristalle nur kurz in einer Heilsitzung verwendet wurden, sollen auch zehn Minuten reichen. Das Wasser, sofern es verwendet wurde, kippt man jedesmal fort; das Salz in der größeren Schale braucht erst nach ein paar Monaten gewechselt zu werden.
Sie können Schmuck, Kristalle oder auch einen Talisman in die Nähe Ihrer Salzlampe legen – zum Beispiel über Nacht –, um die Gegenstände zu energetisieren.

## Salzbäder

Beachten Sie, daß Vollbäder mit Salz nicht heißer als 38 Grad sein sollten und nicht länger als 15 bis 20 Minuten dauern dürfen, da sie sonst den Kreislauf zu stark belasten. Auf Salzbäder müssen Sie verzichten, wenn Sie unter anderem an folgenden Gesundheitsstörungen leiden: Herzschwäche, Herzkrankheiten, Bluthochdruck, Venenentzündung, Embolieneigung oder Leberzirrhose. Die allgemeinen positiven Wirkungen von Salz- oder Solebädern sind: Anregung der Hautdurchblutung, Ausschwemmen von Giftstoffen aus dem Gewebe, Anregung des Stoffwechsels und der Hormonausschüttung, Entspannung und Harmonisierung des vegetativen Nervensystems.

*Einfaches Salzbad zur Reinigung von Körper und Geist*

Geben Sie für ein Vollbad etwa drei bis vier Handvoll Salz aus dem Toten Meer (Drogerie, Apotheke) in die Badewanne, und lösen Sie es mit heißem Wasser gut auf. Entspannen Sie sich etwa 15 Minuten in dem etwa 37 Grad warmen Wasser. Nach dem Bad müssen Sie mindestens eine Stunde lang ruhen; am besten wäre jedoch, sich jetzt zur Nachtruhe hinzulegen.

Salzlösung zieht durch osmotischen Druck Schlacken aus dem Gewebe und schleust Mineralstoffe durch die Haut in den Körper hinein. Salzbäder regen die Durchblutung an; parallel dazu verbessern sie den gesunden Energiefluß. Auf energetischer Ebene vermag das Salz Verschmutzungen in der Aura zu bereinigen. Nach Therapiesitzungen, in denen an belastenden emotionalen Mustern und Denkgewohnheiten gearbeitet wurde, kann das Salzbad helfen, gelöste innere Verkrustungen schneller abzubauen und die geistig-emotionale Neuausrichtung zu festigen. Daneben können Sie ein reinigendes Salzbad immer dann nehmen, wenn Sie sich von unangenehmen, bedrängenden Energien befreien wollen.

Ein Salzbad kann auch als Neumondritual dienen, um sich innerlich zu reinigen und für neue, aufbauende Kräfte bereit zu machen.

*Duftendes Salzbad zur Entschlackung*

Sie geben etwa zwei Handvoll Meersalz aus dem Bioladen in ein Schraubglas und beträufeln es mit 5 bis 10 Tropfen eines naturreinen ätherischen Öls Ihrer Wahl. Das verschlossene Glas gut schütteln. Das auf diese Weise aromatherapeutisch angereicherte Salz in die Badewanne streuen, heißes Wasser einlaufen lassen und dafür sorgen, daß sich das Badesalz gut auflöst. Badedauer: 10 Minuten.

Essenzen, die den entschlackenden, reinigenden Effekt des Salzbades verstärken, sind unter anderem Eukalyptus, Lavendel, Limette, Wacholder, Zitrone. Die Essenzen wirken sowohl auf den Körper als auch auf die Seele.

(*Quelle*: Fischer-Rizzi, »Himmlische Düfte«)

*Fußbad*

Für ein Fußbad von etwa 10 Minuten Dauer pro Liter heißes Wasser etwa 35 Gramm naturreines Salz auflösen. Das Gewebe wird durch den osmotischen Druck angeregt, Wasser auszuscheiden – eine Wohltat vor allem bei geschwollenen Füßen und Beinen.

## Salz-Peeling

*Für zarte Füße*

Nach einem Fußbad mit oder ohne Salzlösung die noch feuchten Füße mit grobem naturbelassenen Meersalz leicht abrubbeln. Dann die Füße lauwarm abspülen und mit einem guten Hautöl einreiben.

*Mit Olivenöl für eine Samthaut*

Etwa zwei Handvoll grobes Meersalz aus der Apotheke oder dem Bioladen mit kaltgepreßtem Olivenöl im Verhältnis 2 : 1 mischen. Den ganzen Körper unter Aussparung des Gesichts mit der Mischung abrubbeln, dann das Salz und die gelösten kleinen Hautschuppen warm abduschen.

*Während eines Saunagangs für eine zarte, gut durchblutete Haut*

Wie gewohnt den Saunagang beginnen und warten, bis der Körper gut zu schwitzen anfängt. Zur Mitte des ersten Saunagangs die Kabine verlassen und den heißen Körper mit einer Handvoll feingemahlenem Meer- oder Steinsalz abreiben – das Gesicht aussparen –, bis sich ein kühles Gefühl auf der Haut ausbreitet. Dann wieder in die Sauna zurückkehren, den Saunagang normal fortsetzen und beenden.

## Traditionelle Heil- und Stärkungsmittel

*Gurgellösung bei Halsschmerzen*

In ein Glas Wasser etwas weniger als einen halben Teelöffel naturreines Salz geben. Regelmäßig gurgeln. Salzpastillen lutschen.

*Salzsocken zur Entgiftung*

Pro Liter warmen Wassers 35 Gramm Meersalz auflösen und dann Baumwollsocken in die Meersalzlösung geben. Die vollgesogenen Socken auswringen, über die Füße streifen und mit einem Handtuch dick einwickeln. Etwa eine halbe

Stunde lang ruhen, so daß das Salz in der feuchten Wärme seine entgiftende Wirkung entfalten kann. Die Füße anschließend gut abduschen und eincremen.
Salzsocken helfen auch bei Durchblutungsstörungen und sind eine sanfte Alternative für Menschen, deren Kreislauf keine Salzvollbäder verträgt.
(*Quelle*: Ginglas, »Gesundheit und Schönheit aus dem Meer«)

*Salzwickel zur Tiefenreinigung*
Nicht in Eigenregie, sondern nur durch speziell geschulte Personen kann auch der gesamte Körper in Salzwickel gehüllt und erwärmt werden. Durch osmotischen Druck werden Giftstoffe aus dem Gewebe in die Lymphbahnen geschwemmt, um sie abzubauen und auszuscheiden. Neben der Entgiftung wird das Gewebe gestrafft und die Haut gereinigt.
(*Quelle*: Carla Billingy, siehe Adressenteil)

# Salz und Sonne – Erde und Feuer

Für den ganzen Körper gebe es nichts Besseres als Salz und Sonne, schrieb Plinius im 1. Jahrhundert nach Christus. Salz und Sonne, das sind die Elemente Erde und Feuer. Über sie wurde in diesem Buch viel erzählt, denn sie sind die Elemente, die einer Salzkristall-Lampe ihre besondere Qualität verleihen. Mit den Elementen Erde und Feuer kommen Sie in enge Berührung, wenn Sie Ihr Zuhause mit einer Salzlampe schmücken.

Erde oder das Salz symbolisiert eine feste Verwurzelung, klare Verhältnisse und eine gute Verbindung zu den materiellen Grundlagen des Lebens. Feuer oder die Sonne symbolisiert das Licht der Erkenntnis sowie die elementare Antriebs- und Lebenskraft.

Allein durch den Anblick, aber mehr noch durch die richtige Plazierung kann eine Salzlampe wie ein Heilmittel wirken. Das Nützliche und Heilsame verbindet sich mit dem Schönen. Ohne daß etwas Besonderes getan oder gedacht werden müßte, entfaltet sich die Wirkung der Salzlampe in subtiler Weise auf physischer und auch auf emotionaler und geistiger Ebene.

Es kann sehr inspirierend sein, eine Salzlampe eine Weile auch einmal genau zu betrachten und sich ihres Lichts zu erfreuen. Sie wird dann zu einem Meditationsobjekt.

In Zeiten von Unruhe, Streß oder Schwäche kann eine Meditation über die Erde und das Feuer sehr aufbauend wirken. Die Übung ist sehr einfach. Nehmen Sie sich einen Moment Zeit. Sie setzen sich so, daß die Salzlampe direkt vor Ihnen steht. Schalten Sie die Lampe ein, und lassen Sie für eine Weile ganz still das orangefarbene Licht auf sich wirken. Studieren Sie die Form der Lampe, stellen Sie sich vor, wie sich die Salzkristalle in der Hand anfühlen. Verbinden Sie sich innerlich mit dem Salz, das aus der Erde gekommen ist, wo es so viele Millionen Jahre ruhte. Fühlen Sie die Urkraft, die Ihnen vom Salz zufließt. Sie stellen sich vor, wie Sie diese Kraft in Ihrem Bauch sammeln. Sie spüren eine warme, angenehme Schwere in ihrem Körperzentrum. Nichts wird Sie jetzt so schnell aus der Bahn werfen.

Dann wenden Sie Ihre Aufmerksamkeit dem Licht zu. Nehmen Sie die Farbnuancen der Salzlampe wahr. Verbinden Sie sich mit dem wohltuenden Schein. Stellen Sie sich vor, daß eine kleine Sonne vor Ihnen steht. Öffnen Sie sich innerlich für die lebenspendenden Strahlen. Sie laden sich mit Lebenskraft und Optimismus auf.

Bleiben Sie so lange still vor der Salzlampe sitzen, bis Sie meinen, sich genug gestärkt zu haben.

# Anhang

## Das Wichtigste auf einen Blick

*Kauf und Pflege von Salzkristall-Lampen*

- Wenden Sie sich an einen Händler, der Ihnen Qualitätsware und fachkundige Beratung bietet (siehe Adressenteil). Meiden Sie Billigprodukte mit mangelhafter Sockelmontage und Elektrik.
- Schenken Sie Gerüchten über angeblich »gefälschte« oder »radioaktive« Salzlampen keine Aufmerksamkeit. Solche Behauptungen entbehren jeder Grundlage. Es ist ebenfalls nicht zutreffend, daß nur Salzlampen einer bestimmten Herkunft ionisierend wirken.
- Stellen Sie Ihre Salzlampe nicht im Freien auf.
- Schützen Sie die Lampe generell vor Feuchtigkeit. Nicht mit nassem Lappen bearbeiten.
- Eine aus Versehen mit Feuchtigkeit in Berührung gekommene Lampe mehrere Stunden lang brennen lassen.
- Verwenden Sie ein trockenes Tuch, einen Pinsel oder den Staubsauger, um die Lampe bei Bedarf zu reinigen.

*Lampengröße und Wirkungsbereich bei eingeschaltetem Licht*

| | |
|---|---|
| Mini: etwa 20 cm (2-3 kg) | etwa 10 $m^2$ |
| Klein: etwa 25 cm (4-6 kg) | etwa 15 $m^2$ |

Mittel: etwa 30 cm (7-9 kg) etwa 20 $m^2$
Groß: etwa 40 cm (13-15 kg) etwa 25 $m^2$
(*Quelle*: Fa. Zauberstein)

*Abgabe von Ionen*

Es kursieren verschiedene Angaben zur Ionenabgabe durch Salzkristall-Lampen, wobei allerdings nur die Abgabe der negativ geladenen Ionen [(-)-Ionen] genannt wird, zum Beispiel:

- Kleine Lampe: etwa 500 (-)-Ionen/$cm^3$
  Mittelgroße Lampe: etwa 900 (-)-Ionen/$cm^3$
  Große Lampe: etwa 1050 (-)-Ionen/$cm^3$
  (*Quelle*: Seifert, »Naturkraft«)
- Lampe mit den Abmessungen 31 x 13 x 16 cm
  etwa 850 bis 1050 (-)-Ionen/$cm^3$, Wirkungsfeld etwa 170 bis 220 cm
  (*Quelle*: Treml [Hrsg.]: »Salz macht Geschichte. Katalog«)

Messungen mit einem Ionometer haben nach Auskunft der Firma Umweltambulanz Bayern erbracht, daß eine eingeschaltete Salzkristall-Lampe ein Ionengenerator ist und positiv wie negativ geladene Ionen in einem ausgewogenen Verhältnis abgibt.

- Eingeschaltete Salzkristall-Lampe (Größe unbekannt) verbessert in einem 10 $m^2$ großen Raum die gesunde Luftionisation um das 15fache.
  (*Quelle*: Untersuchung der Umweltambulanz Bayern, in: Rosenstock, »Salz«)

*Baubiologische Richtwerte für Luftionen im Schlafbereich*

| | |
|---|---|
| Ideal: | 1000 Ionen/$cm^3$ [(+) und (-)-Ionen im Verhältnis 1 zu 1] |
| Gut: | 600-800 Ionen/$cm^3$ |
| Schwach: | 300-600 Ionen/$cm^3$ |
| Bedenklich: | 100-300 Ionen/$cm^3$ |
| Sehr bedenklich: | unter 100 Ionen/$cm^3$ |

(*Quelle*: Maes, »Streß durch Strom und Strahlung«)

*Steinsalz (Halit) in Stichworten*

Der Fachbegriff »Halit« stammt vom indogermanischen Wortstamm *hal* mit der Bedeutung »Salz«. Daraus abgeleitet ist das lateinische *sal* für das moderne Wort »Salz«.

Chemische Formel: NaCl (Natriumchlorid)

Mineralklasse: Halogenide (= Verbindungen von Elementen mit den Halogenen Brom, Chlor, Fluor oder Jod; beim Halit kommt es zur Verbindung von Natrium mit Chlor). Zur selben Klasse gehört beispielsweise auch der Fluorit, der allerdings härter und nicht wasserlöslich ist.

Härte: 2 (= weiches Mineral)

Dichte (spezifisches Gewicht) : 2,2

Kristallform: kubisch, würfelige Kristalle, in Lagerstätten derbe körnige Massen und auch faserige Aggregate.

Strichfarbe: Weiß

Farbe: farblos, Färbung durch Einschlüsse von Eisenoxid (Gelb, Orange, Rot), Ton, Bitumen (Grau), Algen (Rosa), Bestrahlung (Blau, Violett) oder organische Partikel (Braun, Schwarz); Glasglanz.

Besondere Eigenschaft: wasserlöslich.

Heilwirkungen: Reinigung, Entgiftung, Klärung und Lösung

*Zuordnungen von Farben, Chakras und Körperzonen*

| Farbe | Chakra | Thema | Körperzone |
|---|---|---|---|
| Rot | 1. Basis-Chakra am Ende des Steißbeins | Verwurzelung, Lebenswille, Lebenskraft | Knochengerüst und Wirbelsäule, Blut, Füße, Beine, Ausscheidungsorgane, Nebennieren |
| Orange | 2. Sakral-Chakra unterhalb des Nabels | Sexualität, Kreativität | Fortpflanzungsorgane, Milz, Lymphe, Verdauungssäfte, Keimdrüsen |
| Gelb | 3. Solarplexus-Chakra | Lebensfreude, Selbstvertrauen | Bauch, Verdauungsorgane, Bauchspeicheldrüse |
| Rosa und Grün | 4. Herz-Chakra | Liebe, Mitgefühl | Herz, Brust, Blut, Thymusdrüse |
| Hellblau | 5. Kehl-Chakra | Ausdruck, Selbstverantwortung | Atmungsorgane, Sprechwerkzeuge, Schilddrüse |
| Königsblau | 6. Stirn-Chakra | Erkenntnis | Augen, Nase, Ohren, Kleinhirn, Hirnanhangsdrüse (Hypophyse) |

von Verhaftungen; Tonisierung, Stärkung, Stimmungsaufhellung.
Bedeutende Fundorte von Halitstufen: Deutschland, Österreich, Polen, Ukraine, Rumänien, Sizilien, Spanien, Pakistan, Indien, China, USA.

# Adressen

Salzkristall-Lampen finden Sie vor allem in Fachgeschäften für Kristalle und Mineralien sowie in vielen esoterischen Buchhandlungen und Bio- oder Naturkostläden in Ihrer Nähe. Sie werden auch im Versandhandel angeboten, hier eine Auswahl von Adressen:

Firma Zauberstein
Mineralienhandel
Waldmühleweg 82
71332 Waiblingen
Telefon 07151-51965, Fax 07151-905839
*(Herstellung und Vertrieb von Lampen, Duftlampen, Teelichtern aus Salzkristall)*

Steinkreis
Ludwig-Pfau-Straße 22
70176 Stuttgart
Telefon 0711-2271203, Fax 0711-2271204
www.Steinkreis.de
(*Salzkristall-Leuchten, Heilsteine und Elixiere, Zimmerbrunnen, Kristall-Seminare*)

Schirner Buchhandlung
Elisabethenstraße 20-22
64283 Darmstadt
(*esoterische Fachbuchhandlung mit einer sehr großen Aus-*

*wahl von Lampen, Duftlampen, Teelichtern aus Salzkristall,* kein Versand!)

Umweltambulanz Bayern
Baubiologisches Einrichtungs-Zentrum Burgmayer
Gewerbepark C12
93059 Regensburg
Telefon 0941/47033
(*Baubiologische Untersuchungen, Raumluftmessungen u.a.; Beratung zu Salzlampen: Dipl.-Ing. Walter Burgmayer;* kein Versand!)

## Salzanwendungen

Carla Billingy
Zubackerweg 21
CH-3360 Herzogenbuchsee
Telefon 0041-62-9613411, Fax 0041-62-9618041
(*Informationen und Beratung zu Terra-Sel-Körperwickel*)

## Feng Shui

Claudia Ritzi
Scheffelstraße 19
78315 Radolfzell
Telefon 07732-911640, Fax 07732-911642
(*Feng-Shui-Beratung*)

Christopher A. Weidner
Phoenix Astrologie
Buttermelcherstraße 17
80469 München
Telefon/Fax 089-229647
(*Astrologe, Beratungen in Feng Shui und Astrologie*)

# Literatur

Bergier, Jean-François: *Die Geschichte vom Salz*. Frankfurt am Main, New York 1989.

Binder, Franz/Wahler, Josef: *Salz – nein danke*. Gesünder leben mit weniger Salz. München 1989.

Day, Christopher: *Bauen für die Seele. Architektur im Einklang mit Mensch und Natur*. Staufen 1996.

Dow, JaneAnn: *Praktisches Handbuch der Edelstein- und Kristalltherapie. Neue Methoden der Diagnose und Behandlung auf der physischen, seelischen und spirituellen Ebene*. Interlaken 1993.

Emons, Hans-Heinz/Walter, Hans-Henning: *Mit dem Salz durch die Jahrtausende. Geschichte des weißen Goldes von der Urzeit bis zur Gegenwart*. Leipzig 1984.

Fiedler, Klaus: *Alles über gesundes Wohnen. Wohnmedizin im Alltag*. München 1997.

Fischer-Rizzi, Susanne: *Botschaft an den Himmel. Anwendung, Wirkung und Geschichten von duftendem Räucherwerk*. München 1996.

Fischer-Rizzi, Susanne: *Himmlische Düfte. Aromatherapie. Anwendung wohlriechender Pflanzenessenzen und ihre Wirkung auf Körper und Seele.* München 1995.

Geiger, Gisela: *Die Schüssler Mineralsalze. Das Praxisbuch zur Selbstheilung.* München 1999.

Gercke, Heinz-Jürgen: *Dicke Luft in deutschen Zimmern.* In: Wohnung + Gesundheit, 6/1995.

Gienger, Michael: *Lexikon der Heilsteine. Von Achat bis Zoisit.* Ludwigsburg, 2. Aufl. 1997.

Ginglas, Hanna: *Gesundheit und Schönheit aus dem Meer. Algen, Salz, Thalasso & Co.* Niedernhausen 1998.

Gray, William G.: *Magie. Das Praxisbuch der magischen Rituale.* München 1992.

Greve, Uwe: *Aus dem Berg in die Suppe. Geschichten und Anekdoten aus der Welt des Salzes.* Husum 1991.

Gurudas: *Heilung durch die Schwingung der Edelsteinelixiere.* Band 1. Neuhausen 1989.

Halmar, Axel: *Kristallsalz. Salz des Lebens.* München 2002

Hehn, Victor: *Das Salz. Eine kulturhistorische Studie.* Berlin 1873.

Hellmuth, Thomas/Hiebl, Ewald: *Kulturgeschichte des Salzes. 18. bis 20. Jahrhundert.* München 2001.
Hendel, Barbara/Ferrira, Peter: *Wasser und Salz. Urquell des Lebens,* Herrsching 2001.

Hochleitner, Rupert: *Mineralien. Die schönsten Mineralien und Kristalle. Bestimmen, kennenlernen, sammeln.* München 1992.
Hocquet, Jean-Claude: *Weißes Gold. Das Salz und die Macht in Europa von 800 bis 1800.* Stuttgart 1993.

Hoffmann, Eva-Katharina: *Energiepflanzen im Haus. Welche uns gut tun, welche nicht zu uns passen. 86 ungewöhnliche Zimmerpflanzenportraits mit Pflegetips.* München 1997.

Howard, Michael: *Finde deinen Schutzengel. Rituale mit Kerzen und Räucherwerk.* München 1997.

Isberner, Petra/Worlitschek, Michael: *Essen wir zu wenig Salz?* In: Der Naturarzt, 1/1996.

Isberner, Petra: *Der Mensch lebt auch vom Salz.* In: Der Naturarzt, 12/1997.

Kellenberger, Richard/Kopsche, Friedrich: *Mineralstoffe nach Dr. Schüssler. Ein Tor zu körperlicher und seelischer Gesundheit.* Aarau 1997.

Krautstein, Hans: *Das Blut der Erde – Salz.* In: Natur und Heilen, 6/1997.

Latham, James E.: *The Religious Symbolism of Salt.* Paris 1982. (Théologie Historique, 64)

Lim, Jes T. Y.: *Feng Shui und Gesundheit. Vital leben in Haus und Wohnung.* Sulzberg 1997.

Linn, Denise: *Die Magie des Wohnens. Ihr Zuhause als Ort der Kraft, der Kreativität und der Zuflucht.* München 1996.

Maes, Wolfgang: *Streß durch Strom und Strahlung. Elektrosmog, Radioaktivität, Raumklima, Wohngifte, Partikel, Pilze.* Institut für Baubiologie + Ökologie IBN. Neubeuern, 3. Aufl. 1998. (Schriftenreihe Gesundes Wohnen)

Melody: *Das Handbuch der Edelsteine und Kristalle. 700 Heilsteine und ihre spirituellen Kräfte.* München 1998.

Meyer, Philippe: *Die Würze des Lebens – Salz. Betrachtungen zur Menschheitsgeschichte und zur Entwicklung der Medizin.* Zürich 1983.

Priesner, Claus/Figala, Karin: *Alchemie. Lexikon einer hermetischen Wissenschaft.* München 1998.

Rosenstock, Celia: *Salz. Der Ratgeber für Gesundheit, Kosmetik und Haushalt.* Neu-Ulm 1998.

Rossbach, Sarah/Lin Yun: *Feng Shui, Farbe und Raumgestaltung.* München 1996.

*Salz. Salzburger Landesausstellung. 30. April bis 30. Oktober 1994.* Salzburg 1994.

Schleiden, Matthias J.: *Das Salz. Seine Geschichte, seine Symbolik und seine Bedeutung im Menschenleben.* Leipzig 1875.
Schleimer, Jochen: *Salze des Lebens. Praxis der Biochemie nach Schüßler mit homöopathischen Ergänzungen.* Stuttgart, 2. Aufl. 1994.

Schmiedel, Volker/Augustin, Matthias: *Handbuch Naturheilkunde. Methoden, Anwendung, Selbstbehandlung.* Heidelberg 1997.

Schweiger, Anita: *Heilen mit Salz. Ein altbewährtes Heilmittel neu entdeckt.* München 2000.

Schumann, Walter: *Mineralien, Gesteine. Merkmale, Vorkommen und Verwendung.* München, 8. Aufl. 1997.

Seifert, Helmut: *Naturkraft Salzkristall.* Bioschwingungen für die Gesundheit. 4. Aufl. 1997. (Seifert, Postfach 1403, D-83321 Ruhpolding)

Sharamon, Shalila/Baginski, Bodo J.: *Das Chakra-Handbuch. Vom grundlegenden Verständnis zur praktischen Anwendung.* Aitrang 1989.

Sheldrake, Rupert: *Das schöpferische Universum. Die Theorie des morphogenetischen Feldes.* Berlin 1993.

Simons, Raphael: *Feng Shui mit System. Harmonie und positive Energie durch die Kunst der chinesischen Raumgestaltung.* München 1997.

Spear, William: *Die Kunst des Feng Shui.* München 1996.

Stecher, Christine: *Aus der Kraft der Sonne. Leben im Einklang mit dem Licht.* München 1998.

*Steinsalz* (Beiträge von Michael Krahe, Jens Schmidt und Michael Gienger). Kristallklar – Inforeihe aus dem Osterholz Verlag (Im Osterholz 1, D-71636 Ludwigsburg)

Too, Lillian: *Die Grundlagen des Feng Shui. Ein Praxisbuch für Einsteiger.* München 1998.

Treml, Manfred u. a. (Hrsg.): *Salz macht Geschichte. Aufsätze.* Regensburg 1995.

Treml, Manfred u. a. (Hrsg.): *Salz macht Geschichte. Katalog.* Regensburg 1995.

Waddington, Nicola: *Aura-Soma. Durch Farben zur Erkenntnis.* München 1997.

Wollner, Fred: *Duftender Rauch für die Seele. Vom praktischen Umgang mit Räucherwerk.* München 1997.

Woolley, Alan R./Bishop, A. Clive/Hamilton, W. Roger: *Der Kosmos-Steinführer. Minerale, Gesteine, Fossilien.* Stuttgart, 7. Aufl. 1990.

Wormer, Eberhard: *Die Heilkraft des Salzes. Kochsalz als natürliche Medizin für Körper, Haut und Atmung. Salz bei Bluthochdruck, Kropfbildung, Verdauung und als Kosmetik.* München 1995.

# Dank

Ich danke meinem Mann, daß er mich nach Australien geführt hat, wo ich erstmals bewußt in Kontakt mit alter Erdgeschichte, mit dem Gedanken an Urkontinente und Urmeere, gekommen bin. *Down Under* wurde ich auch auf alte Schichten menschlicher Erdenerfahrung aufmerksam gemacht.

So inspirierenden Menschen wie den Buchhändlern Heidi und Markus Schirner sowie meiner Verlagslektorin Olivia Baerend verdanke ich es, daß ich später die Gelegenheit bekommen habe, diesen Eindrücken in der Beschäftigung mit dem Salz nachzugehen.

Mein großer Dank gilt Claudia Ritzi, die die entscheidenden Hinweise zum Feng Shui der Salzlampen gegeben hat. Ich danke außerdem Walter Burgmayer, Bernd Röcker und Christopher A. Weidner, die mich mit ihrem Fachwissen so bereitwillig unterstützt haben, sowie Sybille Knappich für ihre engagierte Recherche und ihre Anteilnahme, die stets von Herzen kommt.

## Katharina Wolfram
## Mondkalender 2003

Der praktische Ratgeber für jeden Tag
Ein Tagesabreißkalender

Guter Rat für jeden Tag. Sich wohl fühlen mit den Rhythmen des Mondes – dazu gibt dieser praktische Abreißkalender eine Fülle von originellen Anregungen und handfesten Daten. Mit seinem jeweils auf den Mondstand abgestimmten Tip des Tages zu Gesundheit, Körperübungen, Meditation, Schönheitspflege, Haus und Garten sowie besonderen Jahresfesten ist er ein unterhaltsamer und informativer Begleiter durch das Jahr.

## Katharina Wolfram
## Kraftzentrum Beckenboden

Gesundheit – Wohlbefinden – Lust
Übungen für mehr weibliche Power

Ein Übungsprogramm für Frauen, das leicht im Alltag angewendet werden kann und dazu dient, wieder Kontakt zum lang tabuisierten Kraftzentrum Beckenboden aufzunehmen und seine verschiedenen Funktionen zu stärken. Die Wirkungen auf Gesundheit, körperliches und seelisches Wohlbefinden und Sexualität sind vielfältig und tiefgreifend.